中小学综合实践活动系列丛书

带着课本环球旅行

黄河流域篇

主编　刘飞　姚炜

苏州大学出版社
Soochow University Press

图书在版编目(CIP)数据

带着课本环球旅行. 黄河流域篇 / 刘飞,姚炜主编
. —苏州: 苏州大学出版社,2019. 12
(中小学综合实践活动系列丛书)
ISBN 978-7-5672-2981-5

Ⅰ. ①带… Ⅱ. ①刘… ②姚… Ⅲ. ①活动课程-中小学-教材 Ⅳ. ①G632. 3

中国版本图书馆 CIP 数据核字(2019)第 252194 号

带着课本环球旅行——黄河流域篇

Daizhe Keben Huanqiu Lüxing——Huang He Liuyu Pian

刘 飞 姚 炜 主编
责任编辑 张 凝

苏州大学出版社出版发行
(地址: 苏州市十梓街 1 号 邮编: 215006)
苏州工业园区美柯乐制版印务有限责任公司印装
(地址: 苏州工业园区东兴路 7-1 号 邮编: 215021)

开本 787 mm×1 092 mm 1/16 印张 10.5 字数 249 千
2019 年 12 月第 1 版 2019 年 12 月第 1 次印刷
ISBN 978-7-5672-2981-5 定价: 49.90 元

若有印装错误,本社负责调换
苏州大学出版社营销部 电话:0512-67481020
苏州大学出版社网址 http://www.sudapress.com
苏州大学出版社邮箱 sdcbs@suda.edu.cn

编委会

PREFACE 序

近几年来，中小学生研学旅行受到了各界的广泛关注，越来越多的学生开始走出学校，走向大自然，走向社会，走向世界，在校外大课堂拓宽视野、增进学识。

世界各国都非常重视学生的校外研学旅行活动。我曾在2017年，也就是教育部发布《关于推进中小学生研学旅行的意见》不久，分享了国外关于学生参加校外研学旅行活动的各种举措。目前，国内也有很多学校开展了有组织、有计划的研学旅行活动，把研学旅行作为推进素质教育的有效方式。

我认为，组织研学旅行活动要充分准备、精心设计研学课程，而不能只当作简单的旅游，只是走马观花般见识一些事物，这样就失去了研学旅行的意义。研学旅行，要让学生亲身验证书本上已有的知识，学习到书本上学不到的知识，特别是培养学生自主、自动、发现、思考的能力，养成同学间互相谦让、互相帮助的协作精神。我想，这也是《带着课本环球旅行》这一系列研学课程的编写初衷。

黄河、长江是我们中华文明的两条天地线，也是中华民族的母亲河。中华文明诞生于母亲河，是我们中华民族有别于世界上其他民族的根本，也是我们中华民族屹立于世界民族之林的强大支撑。《带着课本环球旅行》这套书的"黄河流域篇"和"长江流域篇"分别选取了12个代表城市，让孩子们带着课本去了解认识祖国的美丽山河、中华民族的优秀文化传统，挖掘、追溯中华民族的起源与发展，我认为非常有意义。

苏霍姆林斯基在《带孩子们做环球"旅行"》中提到，"孩子们一天天地深入我们祖国的大地，在他们的面前不断地展开新的景象……'祖国'这个词在儿童的意识里不再是空洞的了，而是充满了鲜明的景象，激发了他们对祖国人民的辛勤劳动的自豪感"。我希望通过这套教材黄河流域篇与长江流域篇的研学之旅，孩子们能够更加深刻地理解中华民族与中华文化，增强文化自信，为中华文明而骄傲，为中华民族的未来而奋斗。

CONTENTS 目录

金城汤池　黄河之都

——甘肃兰州

“丁零零……”上课铃声响了，圣陶老师迈着和往常同样轻快的步伐走进了活动教室。

“同学们，今天需要和大家一起确定下一站研学旅行的目的地，各位同学有什么可推荐的呢？”

话音刚落，方小草立刻高高地举起了手：“我想去大西北，听说那里很漂亮。”

“大西北好呀，我最爱吃兰州拉面了，总想着能够到兰州饱饱地吃上一碗正宗的拉面哩！”宁大地说着说着不由自主地咽了咽口水。

听完方小草和宁大地的话，陶拉拉若有所思地点了点头，说道：“我记得《品德与社会》中有一课《哺育我们的“母亲河”》，其中提到，兰州是我们国家唯一一个被黄河贯穿的省会城市呢！”

圣陶老师笑着说：“大家的想法都很不错，兰州这个城市已有近五千年的历史，它所孕育的历史文化值得我们去参观学习。”

“太好啦！”方小草和宁大地忍不住开心地叫了起来。

圣陶老师用手势示意大家安静，说道：“俗话说，心急吃不了热豆腐。在正式出发之前，我们需要一起来做一份研学旅行规划哦！”

兰州概貌

大家一起来规划

规划行程

日期	时间	地点	研学任务	注意事项
第一天				
第二天				
第三天				
第四天				
第五天				
……				

课本链接

在我们的课本里，涉及了哪些关于兰州的人、事、地、物？请用思维导图画出来吧！

准备问题

提前搜集相关资料（参考相关课本、书籍、景点官网或公众号、网络视频材料等），提出感兴趣的问题。

关于__________，我最感兴趣的问题：________________________________。

打点行装

“兵马未动，粮草先行”，在去研学旅行之前一定要准备好足够的物品。自己收拾行装，你准备好了吗？你准备带上哪些东西？

物品清单					
学习用品	小用具	有效证件	个人药物	换洗衣物	其他

研学小队在这里

“各位同学，咱们已经到了本次研学旅行的目的地——兰州。”

“哇，我可以去吃我最爱的兰州拉面啦！”宁大地兴奋地说道。

这时，陶拉拉瞥了宁大地一眼：“你怎么就知道吃，咱们这次来又不是只为了吃。”

宁大地嘟囔着：“我知道呀，但是那也不影响我对美食的热爱。”

“同学们，咱们现在所处的位置就是甘肃省的省会——兰州市。兰州是一个历史文化悠久的城市，各位同学可以通过网络、书籍等渠道来了解兰州的前世今生，一起试一试吧！”

话说兰州

兰州，是甘肃省省会，____

____

____

____

____

____

____

____

____

“圣陶老师，我在学习《哺育我们的“母亲河”》这课时，老师讲到兰州的黄河岸边有一座黄河母亲雕塑，能不能带我们一起去看看呀？”陶拉拉问道。

“当然可以，黄河母亲雕塑也是兰州市的地标性建筑哦。”圣陶老师笑着说。

瞻仰 黄河母亲雕塑

黄河母亲雕塑位于兰州市黄河南岸，是全国诸多表现中华民族母亲河——黄河的雕塑艺术品中最漂亮的一尊。

黄河母亲雕塑

黄河母亲雕塑长6米，宽2.2米，高2.6米，总重40余吨，由“母亲”和一“男婴”组成。其中，母亲秀发飘拂，神态慈祥，身躯颀长匀称，微微含笑，抬头微曲右臂，仰卧于波涛之上，象征着哺育中华民族生生不息、不屈不挠的黄河；右边依偎着一男婴，头微左顾，举首憨笑，象征着由黄河母亲保护着的中华儿女。雕塑的基座上刻有水波纹和鱼纹图案，这些是甘肃古老彩陶上的原始图案。

制作黄河母亲雕塑的材料是普通的花岗岩。花岗岩能更好地表现出黄河的颜色，表现出我们中华儿女的肤色，同时，花岗岩粗糙的质感似乎也在诉说着中华民族千百年来所经历的沧桑与巨变。

时光飞逝，30余载像白驹过隙一般，而这尊雕塑，却像是已经存在了千年之久。它静静地看着城市的日新月异、人来人往；城里的人们，看着它风霜不改，把母亲的微笑凝固成永恒。

“原来这就是黄河母亲雕塑啊，”宁大地惊讶地说，“比书上画的壮观多啦！”

“看到这尊雕塑，我一下子就想到了我和我的妈妈。”陶拉拉感慨地说道。

圣陶老师拍了拍陶拉拉的肩膀，说：“这尊雕塑的寓意就是说，我们都是黄河哺育下的中华儿女，不管走到哪里，不管活成什么样，我们都不能忘本。”

“但是，”圣陶老师顿了顿，继续说，“由于现在工业的快速发展，我们的母亲河一度遭到了严重的污染和破坏，如果再不补救，未来我们可能会失去我们的黄河母亲。因此，保护母亲河要从我做起，从现在做起。”

方小草的疑问：

黄河现在存在哪些问题？我们应该做些什么来解决问题呢？

母亲河（黄河）现在的问题：

我们能为黄河母亲做些什么？

“圣陶老师，刚才您说黄河是哺育我们成长的母亲河，那么，这边的人平时喝水都是喝黄河水吗？”宁大地好奇地问道。

圣陶老师答道：“不错，黄河是兰州人民的重要水源，兰州人民不管是喝水还是种庄稼，都离不开黄河。”

“现在我们有自来水，那么，古人是怎么取水的呢？”方小草问道。

“他们可能挑水吧。”宁大地猜测道。

圣陶老师说道：“刚开始人们通过挑水的方式取水，后来他们发明了一种叫水车的工具，主要是为了浇灌庄稼。”

方小草疑惑地看着圣陶老师：“水车是什么呀？”

陶拉拉说道：“这个我学习《小水车》一课时听老师讲过，不过我还没见过真实的水车呢。”

圣陶老师补充说道：“水车是中国古代劳动人民发明的一种提水灌溉的工具，下面让我们到水车博览园一探究竟吧！”

感受 水车之都

自古以来，兰州人就喝黄河水，兰州的庄稼也依赖黄河水的灌溉。但是，两岸的农田高于黄河，所以人们不得不挑水灌溉土地。明代嘉靖年间，段续心系家乡人民，发明了兰州水车。这种水车用刮水器将黄河的水通过水槽提升，很好地解决了灌溉的问题。直到60多年前，兰州地区黄河两岸仍有200多台水车，兰州也因此被称为“水车之都”。

2005年，兰州市在百里黄河风情线滨河东路黄河南岸建立了水车博览园。水车博览园由水车广场、水车园、文化广场三部分组成，是一个展现水车文化的主题公园。

兰州水车

水车广场以闻名中外的兰州水车为主体，同时荟萃了数十台不同形式、风格迥异的中外水车。因此，兰州水车博览园是世界上水车品种、数量最多的主题公园。其中，兰州水车以其独特的构造、精湛的工艺、雄浑粗犷的风格成为中国水车的代表。

在水车园中，十二轮兰州水车为主景，它们顺黄河一字排开，奏响了“吱吱嘎嘎”的“岁月之歌”。园中黄河奔腾、水车旋转、渠水蜿蜒，再现了黄河、水车与农业生产的和谐景象。

文化广场主要由旅游纪念品商店、黄河奇石馆、兰州近代历史博物馆、演出广场等场馆组成，以图片、文字资料、实物、文艺演出等形式多维度地呈现水车文化，展示劳动人民巧用自然资源、造福人类的实践活动。

查阅资料，说说你还了解哪些古代农业灌溉装置，和同学们分享一下吧。

陶拉拉的畅想：

水车的运作原理在现代生活中是否也有应用呢？具体又体现在哪些方面呢？

“古代劳动人民真是太聪明啦！”方小草说，“有了水车，农民伯伯就不用来回挑水啦！”

圣陶老师说：“是呀，古代劳动人民为灌溉发明了水车，这种敢于创新的精神值得我们学习哦。”

“你们说，黄河这么宽，我该怎么去对岸呢？”宁大地突发奇想。

“瞧，那边不是有一座桥吗？”陶拉拉话音刚落，宁大地就顺着她手指的方向看了过去。

“对呀，有了桥，过河不就很简单了嘛！”宁大地说道。

圣陶老师说：“同学们，你们刚才发现的那座桥叫中山桥，也被称为‘黄河第一桥’。在没有这座桥的时候，人们都是通过一种特殊的船过河的哟！”

“什么样的特殊的船呀？”宁大地忍不住问道。

“这个呀，就等你们过一会儿自己去发现喽！”

体验 渡河工具

中山桥

中山桥原名兰州黄河铁桥，建于清朝光绪年间，是在黄河上修建的最早的铁桥，素有“天下黄河第一桥”的美称。中山铁桥长 234 米，宽 7.5 米，有 6 墩 5 孔，桥上飞架着 5 根弧形钢架拱梁，两侧分别由 6 条竖形钢架支撑着。

兰州历来是东西交通的要冲，是中原与西域往来的必经之地。而穿城而过的黄河则是横亘在兰州这一交通枢纽之上的难以逾越的障碍，民间称“隔河如隔天，渡河如渡鬼门关”。中山桥建成后，成为当年黄河上游和兰州黄河两岸间唯一的桥梁，方便了两岸的生活，加强了兰州与西北地区各省的政治、经济和文化交流。在旧中国，兰州黄河铁桥与济南道口铁桥、郑州铁桥同列为黄河上的三大桥梁。1928 年，为纪念孙中山先生，兰州黄河铁桥改称“中山桥”，沿用至今。

随着时间的流逝，兰州市区已架起了 10 多座造型美观、结构新颖、工艺先进、气势不凡的铁路、公路桥，这座古老的黄河铁桥已不是沟通黄河南北的唯一通道了。尽管如此，人们还是敬仰它、观赏它，因为它就像一部史诗、一幅灿烂的艺术画卷，记载了兰州古往今来历史的变迁。

港珠澳大桥

圣陶老师：“中国自古有‘桥的国度’之称，今天我们知道了中山桥是‘天下黄河第一桥’，那么同学们，你们知道我国自主设计的一座历时近十年才建成的跨海大桥叫什么名字吗？”

“港珠澳大桥！我在新闻里面都听过无数遍了。”方小草答道。

同学们，你们了解港珠澳大桥吗？把你的想法写下来，跟大家一起分享吧。

“建桥工程师们都好厉害啊，我以后也想成为这样优秀的建桥工程师。”方小草感慨道。

“造桥是一项重大工程，需要考虑很多因素，这些知识你们会在以后的课程中学到。”圣陶老师继续说，“除了工程师们精湛的技艺，大桥的成功建成也离不开施工人员的责任心。所以啊，我们现在也要学习这种工匠精神，不管做什么事情，都要全心全意地投入，并且要有责任和担当。”

“老师，我们会的！”三人异口同声地回答道。

宁大地：“你们记不记得，刚才圣陶老师提到了一种特殊的船，你们知道是什么吗？”

“是不是那个？”方小草环顾四周，指着河中一个漂浮物说道。

随着漂浮物越来越近，方小草越来越激动：“这就是特殊的船吗？上面还有人哩！”

这时，圣陶老师走了过来，说：“刚才小草发现的特殊的船是黄河流域用于渡河的一种特殊工具，叫作羊皮筏子，它还是我国的非物质文化遗产呢。”

查找资料，讲一讲羊皮筏子的历史渊源。

研学小队的成员们穿过中山桥，来到了位于黄河北岸的秦腔博物馆。在秦腔博物馆中，有原汁原味的秦腔表演、历代秦腔名人蜡像和小型皮影戏。

陶拉拉一下子来了兴致：“我在语文课外读物中读过贾平凹先生的一篇文章，就叫《秦腔》，今天总算可以身临其境了！”

圣陶老师说道:“秦腔是中国的一种古老的戏剧，它被称为中华戏曲艺术的鼻祖，大秦之腔写意表演的美学特点是独一无二的。”

秦腔博物馆

传承 秦腔文化

秦腔是中国西北地区的传统戏剧，国家级非物质文化遗产之一。古时陕西、甘肃一带属秦国，所以称之为“秦腔”。早期秦腔演出时，常用枣木梆子敲击伴奏，故又名“梆子腔”。秦腔的表演朴实、粗犷、豪放，富于夸张，生活气息浓厚，技巧性强。

秦腔脸谱作为秦腔舞台美术的有机组成部分，绘制风格古典独特，体系完整，与京剧脸谱、川剧脸谱并称中国三大脸谱系统。秦腔脸谱因剧种不同，勾法和谱式也各具特色，其中斜旋脸是秦腔脸谱所特有的。过去，京剧脸谱也曾学习过秦腔脸谱的斜旋脸，不过后来在逐步发展中又变成了左右对称的脸谱。秦腔脸谱一直把斜旋脸保留至今，恰恰体现了秦腔脸谱的古老性与延续性。

根据你所熟悉的历史人物形象，结合秦腔脸谱特色，画一张脸谱图。

方小草的疑问：

同样都是唱戏，秦腔和京剧之间有没有什么联系呢？

秦腔

京剧

圣陶老师说："兰州的特色文化可不仅仅局限于秦腔，甘肃省是古代丝绸之路的必经之地，这里出土了很多文物，其中有三件国宝级文物就收藏在兰州的甘肃省博物馆。"

"国宝级文物啊？老师，您带我们去看看吧。"方小草说道。

"那一起走吧。"圣陶老师说道。

感悟 青铜文化

甘肃省博物馆是国家一级博物馆，也是甘肃省规模较大的综合性博物馆，馆藏各类历史文物、民族文物、古生物化石及标本35万余件。这些文化遗产是历史的见证、文明的标志，也是我们民族的根和魂。

甘肃省博物馆

研学小队的成员们一走进博物馆，就被整个展厅的规模给震惊了。

"哇，这里面有好多文物啊！而且都好漂亮！"宁大地大声说道。

"大地，博物馆内不要大声喧哗哦。"圣陶老师提醒道。

"甘肃省不愧是丝绸之路的必经之地，你们看那些彩陶，距离现在都5000多年了，上面的颜色依然这么艳丽，丝毫看不出褪色的痕迹呢。"陶拉拉一边说，一边拿出笔记本记着。

"你们看，那马是不是在哪儿见过？"方小草问道。

这时，陶拉拉循声走来："那个应该就是'马踏飞燕'吧，以前学习《天马》这一课的时候见过。"

"马踏飞燕？这名字还蛮好听的。"宁大地自言自语道。

方小草走近一看，说："这马踏飞燕侧面看着挺帅，

青铜器"马踏飞燕"

正面就不忍直视了，哈哈。”

圣陶老师也忍不住笑着说：“都说人不可貌相，文物也是如此，马踏飞燕可是中国青铜器的杰出代表之一呢。”

同学们，你们知道什么是青铜器吗？

我国还出土过哪些著名的青铜器呢？把你知道的青铜器填写在下面的莲花图中吧。

研学小队的成员们走了许久，有些同学的脸上渐渐浮现出了疲倦的神色。

“什么时候可以吃饭呀？”宁大地一脸苦相地坐着，“我都饿得前胸贴后背了。”

“别着急，前面就到美食街啦。”圣陶老师笑着说。

“那快点走吧，”宁大地一下子来了精神，“我已经等不及啦！”

查查 兰州美食的历史

兰州拉面

兰州拉面

酿皮子

酿皮子

吃饱喝足后，宁大地说："原来我最爱的兰州拉面还有这么多知识呢！以前吃过那么多次，居然从来没听说过，真是长见识了。"

"我们现在不知道的事情还多着呢，"陶拉拉说，"所以我们平时需要多看书来积累知识啊！"

"等我回去之后，我就向陶拉拉学习，多看书，多读报，少吃零食，多睡觉！"宁大地说。

方小草白了他一眼："你要能少吃零食，太阳都要从西边出来了。"

"哼，你不信？走着瞧。"宁大地嚷嚷道。

想知道更多

愉快而充实的兰州之旅已经接近尾声了，同学们仍然觉得意犹未尽。

宁大地说："我觉得八盘峡水库值得一去，在那边可以欣赏大西北的大好河山。"

方小草说："我想爬上白塔山，听说在山顶可以看到整座兰州城，体会一览众山小的感觉。"

"我想去青城古镇看一看，以前去过江南古镇，还没见过大西北的古镇是什么样呢。"陶拉拉说道。

圣陶老师笑着和同学们说："各位同学，老师已经记录下了你们的愿望，以后有机会咱们再一起出发去探索。虽然这次的兰州之旅已经结束了，但是大家可以采取一些形式，将我们在兰州的所见、所闻、所想分享给其他的同学和自己的爸爸妈妈，让更多人了解兰州，好吗？"

"可以呀，我带了相机，拍了许多照片，我回去挑一些好的照片印出来做成手抄报展示给大家。"陶拉拉说道。

"那我可以给大家做一个美食攻略，"宁大地说，"毕竟我也算咱们班的美食专家了吧，哈哈。"

"我要回去再研究研究秦腔，我想学一段，然后表演给大家看。"方小草说道。

收获分享

对于这次研学旅行，你还想知道什么？
你准备用什么方式展示这次研学成果？
跟着研学小队一起做吧！

活动评价表

评价项目	评价内容	自我评价			他人评价		
		优秀	良好	加油	优秀	良好	加油
学习态度	对活动充满兴趣，在行程开始前能够积极地搜集资料，完成活动规划。						
	在活动过程中能主动思考，探寻其中的问题，积极参加实践活动。						
	态度积极认真，具有团队精神和团体意识。						
实践探究	能够依据活动主题，自主选择恰当的方式开展活动。						
	能够与小队成员之间保持良好的沟通与合作。						
	具有反思意识，善于发现和总结。						
情感体验	在活动中增强文化自信和社会责任感。						
	在活动中表现出维护祖国的荣誉和利益、心系祖国和人民的爱国主义情怀。						
学习成果	能够以多元化的形式整理、总结活动成果。						
	能够以恰当的展示方式及时地分享活动收获与成果。						

西夏故地　塞北江南

——宁夏回族自治区

“夏商与西周，东周分两段；春秋和战国，一统秦两汉。”方小草摇头晃脑地在研学活动室背着中国历史朝代歌。

“方小草，你光背朝代歌，就能理解它们吗？比如那个周朝，有东周和西周，那为什么夏没有西夏、东夏，商没有西商与东商呢？”宁大地问道。

“拉拉你知道吗？你能回答大地的问题吗？”方小草看着陶拉拉。

“夏商没有东、西之分，周、汉、晋是有东、西之分的。”陶拉拉回答。

这时，圣陶老师从门口进来，听到陶拉拉的回答，微笑着说：“拉拉同学的回答总体上是对的，虽然夏商没有东、西之分，但是历史上有一个‘西夏’王朝。”

“西夏？我没有听说过啊，圣陶老师。”陶拉拉很疑惑。

“因为它没有出现在朝代歌里啊。今天我要告诉你们的是，本次我们的研学目的地就是西夏王朝的所在地。”圣陶老师说道。

“哪里？”研学小队的队员齐声问道。

“自己查资料。”圣陶老师抛下一句话走了。

宁夏回族自治区概貌

大家一起来规划

规划行程

日期	时间	地点	研学任务	注意事项
第一天				
第二天				
第三天				
第四天				
第五天				
……				

课本链接

在我们的课本里，涉及了哪些关于宁夏回族自治区的人、事、地、物？请用“思维导图”画出来吧！

准备问题

提前搜集相关资料（参考相关课本、书籍、景点官网或公众号、网络视频材料等），提出感兴趣的问题。

关于__________，我最感兴趣的问题：______________________________。

打点行装

“兵马未动，粮草先行”，在去研学旅行之前一定要准备好足够的物品。自己收拾行装，你准备好了吗？你准备带上哪些东西？

物品清单					
学习用品	小用具	有效证件	个人药物	换洗衣物	其他

研学小队在这里

研学小队到达银川后，方小草一眼就看到了路边的旅游广告牌，叫道：“快看，那个广告牌里面的照片怎么是个大土堆呢？”

“虽然是个大土堆，一眼看上去倒挺像金字塔的。”宁大地也朝广告牌看去。

此时，陶拉拉看到了广告牌上的介绍文字——西夏王陵，说：“圣陶老师，我们不是来看西夏王朝的吗？那个一定是我们的重要目的地吧？”

方小草打开手机地图，搜索西夏王陵，发现离银川还有好长一段距离。圣陶老师说：“既然西夏王陵还比较远，我们不妨先了解一下宁夏。”

话说宁夏

____

____

____

____

____

____

贺兰山下古冢稠——西夏王陵

查完宁夏的资料后，研学小队马上出发了，不一会儿到了西夏王陵景区。刚来到西夏王陵景区门口，同学们就被景区大门两边墙上的神秘文字吸引住了。

西夏王陵

问一问：帮助研学小队破译景区大门两边墙上的文字。

“这应该是西夏文字吧，西夏文字和汉字确实不一样，它是怎么创造出来的呢？”陶拉拉问道。

圣陶老师：“____

____

____”

“原来是这样，那现在还有没有人使用西夏文字呢？”研学小队的队员们一齐发问。

查一查：现在还有人使用西夏文字吗？如果没有，讲讲为什么。

“现在没有人使用西夏文字了，那我们还能认识它吗？”方小草的问题来了。

“小草，你不要急嘛！等到了景区，大家就可以认识一些西夏文字了。”圣陶老师说。

找一找：神秘的西夏文字。

你能在文字墙上找到自己的姓氏吗？试着把它写下来吧。

西夏文字墙

想一想：是谁发现了西夏文字？又是谁破译了这些文字？

“圣陶老师，我在这里是不是可以买一本西夏书籍带回去啊？”宁大地脑洞大开，急促地问。

“西夏书籍是买不到的哦，但是呢，我们可以自己印刷一本西夏书籍。”圣陶老师逗着宁大地。

“印刷？”宁大地不解。

“不逗你了，我们一起去体验西夏文的活字印刷吧。”圣陶老师看着宁大地乐了。

做一做：体验活字印刷技术，印上自己喜欢的西夏文字。

想一想：活字印刷是谁发明的？在西夏王朝，有活字印刷技术吗？

查一查：还有哪些已消失的文字是被重新破译的？它们又是怎样被发现的呢？

研学小队体验过有趣的活字印刷后，来到了西夏博物馆，开始对西夏历史文化进行了解。

队员们首先看到的是一幅西夏疆域地图，陶拉拉说道：“西夏不仅包括宁夏回族自治区，还包括____________________等省份，____________这些城市也在它的版图内哦。还有，它原来是与宋朝同时期的哦。”

写一写：根据博物馆的图片、文物，写出西夏王朝的发展历史。

在了解了西夏的历史后，圣陶老师说道：“博物馆外面有我们在广告牌上看到的‘大土堆’，那其实是西夏王朝各位皇帝的陵墓。现在我们去墓区，看看西夏王朝的陵墓是否也很神秘吧！”

说一说：介绍一下西夏王陵，说说它们有什么特点。

“老师，西夏王朝果然和中原王朝不一样。那时候的民俗风情，我们也能看到吗？”方小草有着疑问。

“当然可以啦，文字破译了，那时的民俗风情我们就可以还原了。有一座西夏风情园，在那里就再现了西夏的历史、战争及民俗风情呢。”圣陶老师说道。

“好，那让我们穿越千年，重回西夏。”研学小队的队员们一齐喊道。

看一看：西夏风情园展示了哪些西夏文化？

“圣陶老师，宁夏除了西夏文化，还有哪些值得看呢？”方小草问道。

“宁夏还有岳飞词中提到的‘贺兰山’，还有黄河岸边的沙漠景观。你们想去看看吗？”圣陶老师回复。

“想！”大家异口同声地答道。

石头会说话
——探访贺兰山岩画

走进贺兰山岩画遗址公园，方小草一直在问岩画是什么，宁大地一直在寻找不同图案的岩画，陶拉拉却在思考哪些诗词与贺兰山有关。

贺兰山岩画遗址公园

查一查：什么是岩画？它有何文化意义？与壁画有什么不同？

找一找、画一画：贺兰山岩画有哪些图案？你能描绘出一两种吗？

推荐阅读：岳飞《满江红》。

怒发冲冠，凭栏处、潇潇雨歇。抬望眼，仰天长啸，壮怀激烈。三十功名尘与土，八千里路云和月。莫等闲、白了少年头，空悲切！

靖康耻，犹未雪。臣子恨，何时灭！驾长车，踏破贺兰山缺。壮志饥餐胡虏肉，笑谈渴饮匈奴血。待从头、收拾旧山河，朝天阙。

不到长城非好汉——宁夏明长城遗址

研学小队来到明长城遗址区，发现这里的长城和北京的长城大不一样，景色也不相同，纷纷惊叹中华历史的厚重与地区差异。大家沉醉在不一样的塞外风光之中。

比一比：宁夏长城和北京长城，有哪些异同？

麦田方格上的绿洲
——沙坡头

来到沙坡头，圣陶老师告诉大家，沙坡头之所以出名是因为宁夏人民发明了“麦田方格”，从而结束了长期以来“沙逼人退”的困局，创造了人类治沙史上的奇迹。

麦田方格

查一查：麦田方格是如何防沙的？

沙坡头景区有羊皮筏制作体验，在体验过程中，方小草大声说：“看谁最会吹牛皮，会吹牛皮的过来和我比一比！”

宁大地看到羊皮，小声嘀咕着：“吹牛皮有什么好玩的，要是能吃牛肉多好！”

陶拉拉站在宁大地旁边，捣了他一下：“别说了，赶紧一起吹牛皮吧！”

想一想：坐在羊皮筏上横渡黄河危险吗？为什么不用其他交通工具呢？

找一找：沙坡头还有其他景点吗？你到过哪些景点？可以帮助研学小队完成沙坡头游览吗？

想知道更多

快乐的研学旅行很快就结束了，同学们非常累，但也学到了很多。

陶拉拉说："我好想去沙湖看看，那里既有江南水乡风光，又有大漠风光。"

宁大地说："我想去中卫的西瓜园看一看，那里的西瓜特别好吃。"

"我嘛，特别想去沙漠露营，望星空，数星星。一想到那个情景，我就觉得好幸福。"方小草望着天空说道。

听到大家的回答，圣陶老师脸上带着笑容说："大家的想法都很好，没有去到的地方我相信大家以后还有机会。研学旅行结束并不代表研学的结束，大家要把此次研学的所见、所闻、所思、所做，整理成一份研学报告，分享给家长和其他同学。"

"行，我对西夏历史文化特别感兴趣。回去后，我要再找找西夏历史方面的资料，结合本次的研学旅行，做一个西夏历史文化专题报告。"陶拉拉马上回应道。

"我要比较北京长城与宁夏长城的区别。"方小草说。

"只有沙漠治理好了，才能防止土地进一步被沙化，这样，土地才能种出更多好吃的东西。我要讲讲沙漠治理的重要性。"宁大地最后说道。

收获分享

对于这次研学旅行，你还想知道什么？

你准备用什么方式展示这次研学成果？

跟着研学小分队一起做吧！

活动评价表

评价项目	评价内容	自我评价			他人评价		
		优秀	良好	加油	优秀	良好	加油
学习态度	对活动充满兴趣，在行程开始前能够积极地搜集资料，完成活动规划。						
	在活动过程中能主动思考，探寻其中的问题，积极参加实践活动。						
	态度积极认真，具有团队精神和团体意识。						
实践探究	能够依据活动主题，自主选择恰当的方式开展活动。						
	能够与小队成员之间保持良好的沟通与合作。						
	具有反思意识，善于发现和总结。						
情感体验	在活动中增强文化自信和社会责任感。						
	在活动中表现出维护祖国的荣誉和利益、心系祖国和人民的爱国主义情怀。						
学习成果	能够以多元化的形式整理、总结活动成果。						
	能够以恰当的展示方式及时地分享活动收获与成果。						

大河千秋　唯富河套

——内蒙古河套地区

“青海、四川、甘肃、宁夏、内蒙古、陕西、山西、河南、山东……”在学习了《哺育我们的“母亲河”》一课后，方小草看着地图，一一数着黄河流经的省份。

嘴里吃着大白兔奶糖的宁大地听到方小草的话后，疑惑地问：“内蒙古？那边不是大草原吗？那里有最好吃的烤全羊，黄河也经过那里吗？”

“对啊，你看黄河的‘几’字弯正好拐到内蒙古。”方小草盯着地图。

这时候，陶拉拉拿着课本走了进来，宁大地像看到救星一样，叫道：“拉拉，黄河真的经过内蒙古吗？内蒙古不都是大草原吗？”

“或许黄河边也有草原，谁知道呢？”陶拉拉回答。

“那我们不如去一探究竟，看看到底是不是草原。”方小草说，“我这就去向圣陶老师建议，下次的研学目的地就安排在内蒙古。”

内蒙古概貌

大家一起来规划

规划行程

日期	时间	地点	研学任务	注意事项
第一天				
第二天				
第三天				
第四天				
第五天				
……				

课本链接

在我们的课本里，涉及了哪些关于内蒙古河套地区的人、事、地、物？请用“思维导图”画出来吧！

准备问题

提前搜集相关资料（参考相关书籍、景点官网或公众号、网络视频材料等），提出感兴趣的问题。

关于__________，我最感兴趣的问题：____________________________。

打点行装

“兵马未动，粮草先行”，在去研学旅行之前一定要准备好足够的物品。自己收拾行装，你准备好了吗？你准备带上哪些东西？

物品清单					
学习用品	小用具	有效证件	个人药物	换洗衣物	其他

研学小队在这里

“这是内蒙古吗？我们是不是来错地方了？”宁大地望着陶拉拉说道。

“咦，没看见这里的草原，却来到了平原，这儿真是一个神奇的地方。”方小草接着说。

陶拉拉看着他们：“那我们赶紧查一查资料，了解一下这个神奇的地方吧！”

话说河套

“原来这个地方被称为河套啊！”方小草查过资料后说，“‘河套’这个名字好奇怪啊？为什么叫‘河套’呢？”

查一查：“河套”名字的由来。

“圣陶老师，我查资料时很难收集到河套地区的详细信息。现在我们来到河套，一定能找到河套文化的资料吧！”陶拉拉看着圣陶老师。

“那是肯定的，你们看，那块大石头上刻了哪些字？”圣陶老师指着前面的石头说道。

“中国河套文化博物院。”宁大地和方小草齐声答道。

大河千秋 ——中国河套文化博物院

研学小队来到了中国河套文化博物院，方小草发现：“河套地区原来是喜欢打仗的地方啊！”

中国河套文化博物院

写一写：河套地区发生过哪些战争？

“这里发生了这么多战争，好危险！为什么还有这么多人愿意住在这里呢？”宁大地一脸疑惑。

圣陶老师笑着问陶拉拉：“拉拉同学，你能回答他的问题吗？”

陶拉拉不好意思地说：“老师，这个……我要回去整理一下参观博物馆时拍的照片，再查一些资料，然后才能告诉他！”

“大地和小草同学，提出问题后自己也要努力解决问题哦。你们三个一起去找出答案吧！”圣陶老师叮嘱方小草和宁大地。

查一查：解答宁大地的疑问。

方小草看着远处一望无际的平原，问道：“老师，古时候这里的人怎么用水啊？”

“这里靠近黄河，古时候人们都是将黄河水引过来使用。‘引黄水渠’是这里被誉为‘塞上江南’的原因，你们想知道引黄灌溉工程是怎么建造的吗？”圣陶老师对着大家说道。

“想！”研学小队队员们齐声答道。

大河千秋——黄河水利文化博物馆

研学小队来到黄河水利文化博物馆前，陶拉拉说道：“水利文化博物馆里一定会详细介绍黄河灌区的情况，塞上江南的答案或许就藏在这里。我们赶快进去吧。”说着她走进了博物馆。

知识小贴士

黄河水利文化博物馆展示了史前以来的黄河水利文化，主要介绍了秦汉、明清河套地区的水利建设、中华人民共和国成立后河套灌区水利建设以及水利工程建设过程中体现的“总干精神”。

河套灌区引黄灌溉已有 2 000 多年的历史，河套灌区始于秦汉，兴于清末，成形于民国，发展于新中国成立之后，现有 7 级灌排水渠，分别是总干渠、干渠、分干渠、支渠、斗渠、农渠、毛渠，共计 10.3 万多条、总长度 6.33 万千米，可以绕地球 1.5 圈。

黄河水利文化博物馆

清末，八大引水干渠得到疏浚，至民国时期形成了十大干渠，灌溉面积达360多万亩，其间出现了王同春、王文景、傅作义等一大批河套治水杰出人物。中华人民共和国成立后，河套灌区获得新生。1958年至1967年，这里完成了三盛公水利枢纽工程和总干渠开挖建设工程，1975年疏通总排干，至此结束了河套灌区多口引水、无坝引水和有灌无排的历史。灌区灌溉面积达1 000万亩，成为亚洲最大的一首制自流灌区和全国三个特大型灌区之一，从此巴彦淖尔成了“塞上江南”“河套米粮川”，成了自治区乃至国家重要的商品粮和商品油生产基地。

“黄河百害，唯富一套。河套地区之所以能成为塞上粮仓，靠大自然的恩赐是远远不够的，还要发挥博物馆里写的‘敢想敢干、齐心真干、苦干实干、巧干会干’的‘总干精神’。只有这样，才能形成今日的塞上江南。”圣陶老师不禁发出感慨。

“在回顾河套地区水利修建的历史时，我发现历史上有许多王朝都非常重视兴修水利，因此河套地区才会成为塞上粮仓。”陶拉拉总结了在博物馆看到的河套水利建设历史。

写一写：哪些朝代重视河套的水利建设？

查一查：清末八大引水干渠、民国时期的十大干渠分别是哪些？在兴修水利期间出现过哪些著名人物？

想一想：“总干精神”的意义是什么？如何在学习中、生活中发扬“总干精神”？

“我在来博物馆的路上，听见别人说河套黄河鲤鱼味道鲜美，快到吃饭时间了，老师，我们今天就吃它吧！”宁大地叫道。

圣陶老师、陶拉拉、方小草被宁大地一说，也突然感觉肚子饿了。

尝一尝：河套黄河鲤鱼，说说它的味道。

黄河鲤鱼

吃完肉质鲜美的黄河鲤鱼，圣陶老师问：“大家在博物馆里看到了河套地区水利建设的介绍，想不想实地考察一番呢？”

“我们想去！”研学小队队员们异口同声地答道。其实就算圣陶老师不说，他们也会问老师可不可以实地去看一下黄河水利工程的。

知识小贴士

电视连续剧《我叫王土地》，主要讲述的就是民国期间巴彦淖尔治水杰出人物王同春亲自组织，或与别人合作开挖河套灌区的历史故事。电视剧曾在中央电视台一套、八套和多家省级卫视多次播出，荣获了中国电视剧最高奖——金鹰奖。

黄河第一闸
——三盛公水利枢纽工程

在前往三盛公水利枢纽工程的路上，宁大地看着北方巍峨的大山，问圣陶老师："老师，那座山叫什么啊？"

圣陶老师顺着宁大地的手向外看，答道："这座山在北方，而河套地区在阴山之南，那应该是阴山吧！"

阴山

"阴山？'但使龙城飞将在，不教胡马度阴山。'这首诗里的'阴山'就是远处的那座山吗？"陶拉拉惊奇道。

看到同学们都在仔细地观察，圣陶老师说："远处的山既是博物馆里所说的阴山，也是'不教胡马度阴山'中的阴山。"

同学们边走边讨论，不一会儿，目的地就到了。

想一想："但使龙城飞将在"中的飞将军指的是谁？还有没有其他关于阴山的诗词？

研学小队到达三盛公水利枢纽工程前，方小草的疑问就来了："三盛公，这个名字好像是对人的尊称啊！这名字是不是有一段来历啊？"

查一查：三盛公水利枢纽工程中的"三盛公"指什么？

陶拉拉说："说不定景区里面有答案呢，我们快点进去吧。我迫不及待地要看看这个水利工程有什么奇特之处了！"

走进三盛公水文化博物馆，研学小队知道了三盛公水利枢纽工程被称为"万里黄河第一闸"，了解了三盛公水利枢纽工程的建造情况，以及三盛公水利枢纽工程造就的河套灌区是我国三个特大型灌区之一。

三盛公水利枢纽工程

查一查：我国三个特大型灌区分别是河套灌区、都江堰灌区、淠（pì）史杭灌区。都江堰灌区大家都知道，淠史杭灌区在哪里？它的修建又有什么意义呢？

研学小队参观完博物馆，马上实地考察了"万里黄河第一闸"，对这座60年前建立的水利工程赞叹不已。

写一写：介绍"万里黄河第一闸"的设施及景色。

在闸上欣赏风景后，陶拉拉突然有了一个想法，并对其他同学说："我们既然来到了黄河岸边，那不如来个以'黄河'为主题的诗词比赛吧！"

"还是算了吧，我们都比不过你。"宁大地扮着鬼脸说道。

"拉拉的想法非常好。前方有个黄河文化广场，其中的雕塑上有关于黄河的诗词，我们去一探究竟吧！”圣陶老师说道。

来到黄河文化广场，方小草提议：“我们花10分钟把雕塑上的诗词记住，然后对着黄河依次说出诗词。”

“白日依山尽，黄河入海流。”宁大地赶紧把最熟悉的诗词说了出来。

“黄河远上白云间，一片孤城万仞山。”方小草随即接道。

“九曲黄河万里沙，浪淘风簸自天涯。”陶拉拉紧跟着。

…………

查一查：以黄河为主题的诗词。

感受红色文化

五原抗战纪念馆

“你们知道傅作义将军吗？”圣陶老师问研学小队的队员。

“我知道的，《大决战——平津战役》里面守卫北京的国民党高官不就是他吗，北平和平解放还有他的一份功劳呢！”陶拉拉想起了看过的电影，“他和这个地方有什么关系吗？”

“哈哈，当然有的，傅作义将军还是个抗日英雄呢，这里就有关于他的抗日事迹。”圣陶老师说。

“战役名字叫什么？我们知道吗？”方小草问道。

“果然这个地方总是发生战争。”宁大地说。

“五原大捷。”圣陶老师回答。

“那这里能了解到五原大捷的战斗经过吗？”陶拉拉和方小草一起问。

“当然可以，这里有个五原抗战纪念馆，我们一起去看看吧！”圣陶老师说道。

写一写：参观五原抗战纪念馆，写出五原大捷的战斗经过。

查一查：在抗日战争期间，中华民族为了反抗日本侵略者，发起了大大小小许多战役，有哪些战役取得了类似“五原大捷”的成果呢？

做一做：由圣陶老师带领研学小队的队员向纪念碑深深鞠躬，表达对先辈们的崇敬之情。此时此刻你有什么感想呢？把你的想法记录下来。

品尝 河套硬四盘

参观完纪念馆以后，宁大地说道：“我在来纪念馆的路上看到了美食宣传牌‘河套硬四盘’，我们去尝尝吧！我好饿。”

“好奇怪的名字啊，那我们就去尝尝到底是什么吧！”方小草对名字感到好奇。

“硬四盘，硬四盘，难道都是硬菜？不会都是肉吧？”陶拉拉推测道。

尝一尝：河套硬四盘；说一说：硬四盘是哪四道菜？

河套硬四盘

想知道更多

研学小队在这次研学中走了三个地方，旅途非常累，但也很开心。

陶拉拉："我想去阴山山麓看看'敕勒川，阴山下，风吹草低见牛羊'的景色。"

宁大地："我对这次旅行非常满意，如果有烤全羊就更好了。"

方小草："我还想去看看这一带的蒙古民俗风情。"

大家都踊跃发言，表达着自己的研学期待，圣陶老师总结道："大家的想法都很好，这次研学旅行结束了，希望你们能对本次研学旅行进行总结，制作一份研学报告，分享给家长和同学们。"

"此次旅行，让我对河套历史文化有了更进一步的了解，我就以河套历史文化为主题吧。"陶拉拉讲道。

"我对河套地区的水利开发建设更感兴趣，回去我要看看《我是王土地》这部电视剧，将电视剧与此次研学旅行结合，我就做一个河套地区水利建设文化主题报告。"方小草说。

宁大地说："我在河套文化景区看到了河套地区的好多美食，而且尝到了河套的'硬四盘'和黄河鲤鱼，我就写写河套地区的美食吧！"

收获分享

对于这次研学旅行，你还想知道什么？
你准备用什么方式展示这次研学成果？
跟着研学小队一起做吧！

活动评价表

评价项目	评价内容	自我评价			他人评价		
		优秀	良好	加油	优秀	良好	加油
学习态度	对活动充满兴趣，在行程开始前能够积极地搜集资料，完成活动规划。						
	在活动过程中能主动思考，探寻其中的问题，积极参加实践活动。						
	态度积极认真，具有团队精神和团体意识。						
实践探究	能够依据活动主题，自主选择恰当的方式开展活动。						
	能够与小队成员之间保持良好的沟通与合作。						
	具有反思意识，善于发现和总结。						
情感体验	在活动中增强文化自信和社会责任感。						
	在活动中表现出维护祖国的荣誉和利益、心系祖国和人民的爱国主义情怀。						
学习成果	能够以多元化的形式整理、总结活动成果。						
	能够以恰当的展示方式及时地分享活动收获与成果。						

饮水思源　红色传承

——陕西延安

“东方红，太阳升……”陶拉拉一边哼着小调一边整理手边的书本。

“中国出了个毛泽东，呼儿嘿呦……”方小草接着唱道。

“你们在唱什么歌呀？这么热闹！”宁大地一边啃苹果一边说，“刚才我听圣陶老师说又要确定我们这一期的研学旅行地点了，你们觉得哪里比较好？”

“这首歌叫《东方红》，是一首陕北民谣。”陶拉拉灵机一动，说道，“不如我们这次就去延安吧。”

“延安有什么好玩的呢？”宁大地问道。

“我知道，延安不仅有多处革命纪念馆，还有很多特产呢，比如你现在啃的大苹果。”方小草说道。

“哇，你怎么知道的？”宁大地惊讶地问。

“嘿嘿，你不记得咱们以前学过一首诗叫《延安，我把你追寻》了吗？作者提到了延安好多地方呢。”方小草自豪地说道。

这时，圣陶老师走了进来，说道：“你们的话，我都听到了，想法都很好。正值新中国成立70周年，去延安再合适不过了。”

“延安，我们来啦！”

延安概貌

大家一起来规划

规划行程

日期	时间	地点	研学任务	注意事项
第一天				
第二天				
第三天				
第四天				
第五天				
……				

课本链接

在我们的课本里，涉及了哪些关于延安的人、事、地、物？请用“思维导图”画出来吧！

准备问题

提前搜集相关资料（参考相关书籍、景点官网或公众号、网络视频材料等），提出感兴趣的问题。

关于__________，我最感兴趣的问题：__________________________________。

打点行装

“兵马未动，粮草先行”，在去研学旅行之前一定要准备好足够的物品。自己收拾行装，你准备好了吗？你准备带上哪些东西？

物品清单					
学习用品	小用具	有效证件	个人药物	换洗衣物	其他

研学小队在这里

终于到了延安，研学小队的队员们左顾右盼，对这个城市充满了好奇，也对接下来的行程充满了期待。

“这里好多山呀！”宁大地感慨道。

“当然了，这儿是黄土高原，当然山多啊！”陶拉拉马尾一甩，说道。

“看，那边是什么房子，怎么和我家的房子不一样？”方小草指着一片窑洞说。

圣陶老师笑着说：“那是窑洞，是黄土高原上特有的建筑，就像咱们北京的四合院一样。延安是中华民族重要的发祥地之一，有‘中国革命博物馆城’的美誉。同学们，自己找一找关于延安的介绍，并且和大家分享你所知道的延安吧。”

话说延安

延安，陕西省地级市，简称“延”，________________________________

____

____

____

____

____

____

____

“同学们，你们知道红领巾的红色象征着什么吗？”圣陶老师问道。

方小草不假思索地说：“是指革命烈士的鲜血，因为红领巾是用战士的鲜血染成的。”

“不错，我们少先队员佩戴红领巾是为了铭记历史，不忘革命先烈，常怀爱国之心。既然我们今天来到了中国的革命圣地，我们就应该去看看那些革命英雄战斗过的地方。”圣陶老师说道。

“延安的革命旧址那么多，去哪个比较好呢？”宁大地挠了挠头。

“去杨家岭吧！”陶拉拉说道，“在《延安，我把你追寻》这首诗中，著名的延安精神就是作者当时在这边提出的，而且，毛主席、周总理都曾在这边居住过呢。”

“杨家岭？好像在学习《白雪飘飘的北国》时也听说过。”方小草一下子有了共鸣。

“好，那我们就去杨家岭。”圣陶老师说道。

寻访红色印迹

杨家岭，一颗镶嵌在黄土高原上的璀璨明珠。这里曾是中共中央驻地旧址，1938年11月至1947年3月，毛泽东等中央领导在此居住。其间，党中央指挥抗日战争敌后战场，并领导了解放战争，发动了大生产运动和整风运动，催生了中国共产党最具历史意义的第七次全国代表大会，吹响了延安先进文艺方向的号角。这里还会聚了20余个中央职能机关，形成了新中国的雏形。

杨家岭中共中央驻地旧址

参观毛主席故居

1938年，毛泽东从凤凰山迁居到杨家岭。在此居住期间，正是抗日战争最艰难困苦的阶段，为指导中国革命不断取得胜利，毛泽东撰写了《新民主主义论》《在延安文艺座谈会上的讲话》《五四运动》等40多篇理论文章。在接见中央党校学员时，他指出，延安窑洞里有马克思主义，强调了学习革命理论的重要性。为了克服物质困难，毛泽东以身作则，开荒种地，倡导自力更生、艰苦奋斗的精神。

杨家岭毛主席故居

1946年8月，毛泽东在杨家岭窑洞前的小石桌旁会见了美国记者安娜·路易斯·斯特朗，针对当时流行的“恐美病”，提出了“一切反动派都是纸老虎”的著名论断。

“这就是毛主席以前住的地方啊，太破了，而且都是土。”宁大地皱着眉头说道。

“是啊！毛主席曾经在这里住了很多年，为中国革命做出了巨大的贡献。我们现在住的漂亮房子都是毛主席和革命烈士们拼搏来的。”陶拉拉白了宁大地一眼。

“战争时期，条件非常艰苦。但是，毛主席、周总理等一大批革命者不畏艰难，最终取得革命的胜利，建立了新中国。”圣陶老师说道，“这种艰苦奋斗、全心全意为人民服务的精神，值得我们每一位同学学习。”

方小草的疑问：

为什么这里的人们住的都是窑洞呢？

同学们，你们能不能利用鱼骨图帮助方小草分析一下原因呢？

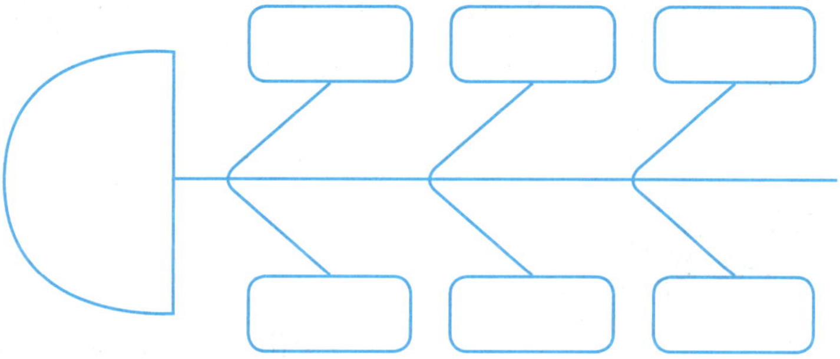

参观中共七大会址

1945 年 4 月 23 日至 6 月 11 日，中国共产党第七次全国代表大会在延安召开。在延安杨家岭中央大礼堂，七大开幕式的主席台上悬挂着毛泽东和朱德的巨幅画像，鲜艳的党旗挂在两边。会场后面的墙上有“同心同德”四个大字。两侧墙上张贴着“坚持真理”“修正错误”等标语，靠墙边插着 24 面红旗，象征着中国共产党 24 年奋斗的历程。插红旗的“V”字形木座是象征革命胜利的标志。在主席台的正上方悬挂着一条引人注目的横幅：“在毛泽东的旗帜下胜利前进！”

中共七大会址

查一查：说说你所知道的关于中共七大的历史性贡献。

“看，那边有座塔，那是什么地方呀？”方小草问道。

“那个呀，它叫延安宝塔。”圣陶老师顿了顿，继续说，“它坐落在宝塔山上，那可是延安的标志性建筑呢。”

“宝塔山？应该就是贺敬之在《回延安》中所说的‘几回梦里回延安，双手搂定宝塔山’中的宝塔山了吧。”陶拉拉说道。

“不错，”圣陶老师说道，“宝塔山历史悠久，还曾经在人民币上出现过，咱们一起去看看吧。”

感受 延安印迹

宝塔山

宝塔山位于陕西省延安城东南方，古称丰林山，宋代以后改名嘉岭山，因山上有宝塔，后通称宝塔山。现在所见的宝塔为宋代重修，原名“岭山寺塔”，为八角九级楼阁式砖塔。塔旁有一口钟，明崇祯年间铸造，1938 年日本飞机轰炸延安时，这口钟曾被敲响，为保卫延安做出过特殊贡献。中国共产党延安时期，毛泽东等老一辈无产阶级革命家在这里生活、战斗了 13 个春秋，和陕甘宁边区人民一起孕育了崭新的“延安精神”，后来人们把宝塔山与延安红色革命根据地联系起来，称“延安宝塔山”。

研学小队的队员们来到了宝塔山下。

“这山好高呀，爬上去腿都要断了……”宁大地绝望地往高耸入云的山顶望了望。

“加油啊，坚持到底就是胜利！”陶拉拉鼓励道。

“要是在我前面挂一只烧鸡，我肯定很有动力。”宁大地说道。

"快走吧，不然陶拉拉又要嘲笑你了。"方小草边拉着宁大地边往上爬。

"终于到山顶了，果然是'会当凌绝顶，一览众山小'啊！"陶拉拉张开双手，感受着山顶的凉风。

"你们听，那边是什么声音？"方小草问道。

陶拉拉听了一会儿，说道："好像是鼓声和钟声，我们过去看看吧。"

"哇，好大的一个鼓，还有好大的一口钟，我也想去敲。"宁大地突然满血复活了。

"不着急，"圣陶老师说道，"这个鼓叫太平鼓，这口钟叫平安钟，敲击的时候是有讲究的，可不能随便乱敲哦。"

查一查："太平鼓"和"平安钟"的敲击有什么讲究？

方小草的疑问：

中国有很多著名的塔，比如苏州虎丘塔、杭州雷峰塔、西安大雁塔等，而且这些塔大部分都是古时候建造的。那么，为什么古人喜欢建塔呢？这些塔有什么不同呢？

致敬 人文始祖

"圣陶老师，我在《祖国的领土不可分割》这一课上听老师讲过延安有一座黄帝陵，我们既然来了，不如一起去看看吧。"方小草提议道。

宁大地听完，说道："'皇'帝陵？这意思是不是中国所有的皇帝都埋在这里啊？"

圣陶老师忍不住笑着说："此黄非彼皇，方小草说的黄帝是黄色的黄，而不是皇宫的皇。"

炎黄子孙的故事

黄帝陵

黄帝出生于距今 5 000 年前文明肇（zhào）始的远古时代，是一位非常杰出的部落联盟首领。黄帝以姬（jī）为姓，字轩辕（yuán），号有熊。他有土德之瑞，而土为黄色，故而被尊称为黄帝。黄帝制礼作乐，教民德尚，行造舟车，创制历法，开创了人类历史上具有划时代意义的华夏文明。

司马迁在《史记·五帝本纪》中记载："黄帝崩，葬桥山。"桥山位于陕西省黄陵县城以北 1 000 米处。这里群山巍峨、古柏苍翠，黄帝的陵寝坐落在桥山之巅，号称"天下第一陵"。

方小草的疑问：

为什么中国人都自称"炎黄子孙"呢？

查一查：有关炎黄子孙有什么故事？帮助方小草解开谜团吧。

在很久以前的远古时代，中国的长江流域和黄河流域居住着许多氏族部落，其中有三个比较大的原始部落。第一个是以务农为主的炎帝部落，生活在中国的南方，是典型的农耕部族；第二个是北方的黄帝部落，主要以游牧为生；第三个便是东方的蚩（chī）尤（yóu）部落，也是农耕部族。

炎黄二帝塑像

“原来‘炎黄子孙’是这样来的啊，但是，炎帝和黄帝之间还真是不打不相识呢。”陶拉拉感叹道。

圣陶老师笑了笑，说：“咱们都是炎黄子孙，我们脚下的这块大地需要每一个人来守护。”

轩辕殿祭祖

轩辕殿是黄帝陵的祭祀大殿，为黄帝陵标志性建筑。黄帝陵轩辕殿位于庙院北端，坐北朝南，为正方形花岗岩石材建筑，汉代造型风格，色调以青灰为主，显得宏伟、古朴、庄严，是祭祀黄帝的重要场所。

轩辕殿

寻根溯源祭始祖，兴邦圆梦振中华。每年，在清明公祭日，万余名海内外同胞齐聚黄帝陵，中华儿女以最为朴素虔诚的情感，寻根祭祖。

研学小队的队员们根据当地工作人员的指示依次对我们中华儿女的人文始祖——黄帝进行了祭拜。

仪式结束后，陶拉拉有感而发：“黄帝作为人文始祖，带领部落成员们发明了医药、车、衣服，还有文字，这些发明有些我们现在还在使用，我认为黄帝的这种创新精神是值得我学习的。”

写一写：同学们，你们有什么感想呢？写下来与大家一起分享吧！

体验 西北民俗

“你们看，那边一群人在干什么呢？”宁大地问道。

“不知道呀，不然我们一起去看看吧。”方小草提议道。

“哦，原来是打鼓表演啊，为什么他们的鼓都绑在腰上呢？”宁大地好奇地问。

陶拉拉说道：“一看就知道你以前上课没认真听，在《白雪飘飘的北国》这一课中学到过呀，这种鼓被称为安塞腰鼓，都是绑在腰上的。”

“原来是这样，这个打鼓表演真是气势恢弘呀！”宁大地说道。

圣陶老师笑着说：“如果大家想了解更多关于安塞腰鼓的知识，咱们可以去安塞文化文物馆。”

写一写：你所了解的安塞腰鼓。

安塞腰鼓表演

宁大地说：“原来安塞腰鼓是古代战场上用于给将士们加油助威的呀，怪不得这么有气势。”

圣陶老师说道：“安塞腰鼓是黄河流域文化的组成部分，它在长期流传的过程中形成了刚劲激昂的特点，也保留了古战场上那种不畏强敌、勇往直前、征服和压倒一切的英雄气概，以及不怕牺牲的忘我精神和献身精神。”

了解 陕西美食

“那边的苹果好香啊！”宁大地深吸了一口气，循着香味走去。

“哎，你别乱跑，走丢了就不好了。”方小草一把把宁大地拉了回来。

“我就想去那边买几个苹果，你们等我一下。”说完，宁大地一溜烟儿跑向了卖水果的小铺。

过了一会儿，宁大地拎着两个鼓鼓囊囊的大袋子回来了。

“你买了什么呀？这么多！”陶拉拉问道。

“我本来只想买几个苹果，”宁大地啃了一口苹果，说道，“然后，老板又推荐了红枣，所以我就都买了。”

“真是个名副其实的吃货。”陶拉拉瞟了他一眼。

“你们要不要吃？这里的苹果又甜，汁又多，可好吃了。”宁大地问道。

“同学们，苹果和红枣都是延安当地有名的特产，而且都是远销海外的呢。”圣陶老师说道。

“哈哈，那我可要细细品尝啦！”宁大地说道。

● 洛川苹果

洛川苹果

● 延川红枣

延川红枣

拓展阅读

《平凡的世界》书影

书籍（影视剧）推荐：《平凡的世界》。

《平凡的世界》是中国作家路遥创作的一部以延安为原型、全景式地表现中国当代城乡社会生活的长篇小说。1991年3月，《平凡的世界》获中国第三届茅盾文学奖。2015年，该书被拍摄成同名电视剧播出。

该书以中国20世纪70年代中期到80年代中期的社会为背景，通过复杂的矛盾纠葛，刻画了当时社会各阶层众多普通人的形象；挫折与追求、痛苦与欢乐、日常生活与巨大社会冲突交织在一起，深刻地展示了普通人在大时代历史进程中所走过的艰难曲折的道路。

想知道更多

短暂的延安之旅结束了，同学们都意犹未尽。

方小草说：“我想去壶口瀑布看看，因为壶口瀑布是世界上最大的黄色瀑布，肯定很壮观。”

“我嘛，我想去枣园，听说毛主席以前也在那边居住过，最重要的是枣园说不定有很多大红枣可以吃。”宁大地摸着下巴说道。

“我以前去过南京的清凉山，听说延安也有一座清凉山。”陶拉拉说道，“这两座同名的山正好是一南一北，我想看看它们有什么不一样。”

圣陶老师听到大家的讨论，欣慰极了：“大家能够有自己的想法非常好，老师也为你们这次研学有所得而感到开心，虽然这次的延安之行结束了，但是著名作家萧伯纳说过：‘你有一个思想，我有一个思想，那彼此交换后就会有两个思想。’所以啊，我们可以用一些自己的方法，将我们这次的研学成果、感想等展示和分享给其他人，这样也能让更多的人知道延安，你们觉得怎么样？”

“经过这几天的参观学习，对于我们国家和我们的文化感触挺深的。”陶拉拉说道，“我打算回去整理成一篇游记，然后分享给大家。”

“我打算带一些特产回去给爸爸妈妈尝一尝，毕竟好东西要和大家分享嘛。然后，再和爸爸妈妈讲讲这些特产的历史。”宁大地说道。

“我嘛，”方小草说道，“我拍了很多延安的照片，打算回去印出来和大家一起看。”

收获分享

对于这次研学旅行，你还想知道什么？
你准备用什么方式展示这次研学成果？
跟着研学小队一起做吧！

活动评价表

评价项目	评价内容	自我评价			他人评价		
		优秀	良好	加油	优秀	良好	加油
学习态度	对活动充满兴趣，在行程开始前能够积极地搜集资料，完成活动规划。						
	在活动过程中能主动思考，探寻其中的问题，积极参加实践活动。						
	态度积极认真，具有团队精神和团体意识。						
实践探究	能够依据活动主题，自主选择恰当的方式开展活动。						
	能够与小队成员之间保持良好的沟通与合作。						
	具有反思意识，善于发现和总结。						
情感体验	在活动中增强文化自信和社会责任感。						
	在活动中表现出维护祖国的荣誉和利益、心系祖国和人民的爱国主义情怀。						
学习成果	能够以多元化的形式整理、总结活动成果。						
	能够以恰当的展示方式及时地分享活动收获与成果。						

渭水之畔　城下流“史”

——陕西西安

研学活动室中，陶拉拉说：“昨天晚上，学校英文剧表演《复活的地下军团》好震撼啊！”

“就是讲的兵马俑吗？这个我知道。”方小草说。

“哈哈，我也知道，我还知道兵马俑在西安呢。”宁大地接着说，“西安这座城市，我还是多少了解一点的。陶拉拉，要不下次研学，我们去西安吧！”

“好！”陶拉拉和方小草一起说道，“我们一起去和圣陶老师说吧！”

西安概貌

大家一起来规划

规划行程

日期	时间	地点	研学任务	注意事项
第一天				
第二天				
第三天				
第四天				
第五天				
……				

课本链接

在我们的课本里，涉及了哪些关于西安的人、事、地、物？请用“思维导图”画出来吧！

准备问题

提前搜集相关资料（参考相关书籍、景点官网或公众号、网络视频材料等），提出感兴趣的问题。

关于__________，我最感兴趣的问题：______________________________。

打点行装

“兵马未动，粮草先行”，在去研学旅行之前一定要准备好足够的物品。自己收拾行装，你准备好了吗？你准备带上哪些东西？

物品清单					
学习用品	小用具	有效证件	个人药物	换洗衣物	其他

研学小队在这里

研学小队到达西安后，宁大地说：“西安没有高楼，不像大都市啊！”

“也见不到课本中的‘长安风流’，就只看到城墙。”陶拉拉喃喃自语道。

这时，方小草打开了刚买的一幅西安旅游地图，大大的兵马俑图片印在地图上：“大家一起过来看，兵马俑的位置在西安哪里呢？”

圣陶老师也和大家一起看了地图，指着地图上的一处说：“兵马俑在这里，离西安城还有点远呢。大家先把西安这个城市了解一下，我们再去兵马俑吧！”

话说西安

秦皇沙场初点兵——秦始皇兵马俑

在去兵马俑的路上，宁大地觉得路程好远，一直在埋怨：“为什么兵马俑离西安城这么远呢？”

陶拉拉听到宁大地的问题，说道：“是啊，好像明十三陵、清陵离北京城也很远！实际上秦国都城在咸阳，还要更远一些呢。”

想一想：为什么封建王朝的帝陵离都城都很远？

复活的地下军团

到了兵马俑后，大家都被真实版的《复活的地下军团》震惊了，方小草问道：“为什么秦始皇要建造这么宏伟的地下兵马俑军团啊！”

圣陶老师笑着说：“______________________________

____

____

____

____

____

____

____”

微笑的兵马俑

“看那个兵马俑，好像在微笑；他旁边的，眼睛注视着前方，看那个人的服饰好像和其他兵马俑不一样，似乎是个大将军；还有大将军后面的，细细一看很像我们的体育老师。”宁大地一进到兵马俑1号坑就注意观察千姿百态的兵马俑面相。

找一找：兵俑千姿百态的造型及表情。

图片	造型及表情说明	图片	造型及表情说明

陶拉拉看到兵俑栩栩如生的脸面上似乎有一道裂痕，问道："圣陶老师，2 000多年前秦帝国统一六国的阵势就是这样吗？这些兵马俑出土的时候和现在一模一样的吗？"

听到陶拉拉的问题，圣陶老师赞许地说："对的，这些都是保卫秦帝国的帝国军团，秦始皇死后仍要带着这些军团去地下保护他，所以兵马俑真真切切地体现了秦帝国出征的阵势。至于兵马俑出土时候是什么样子，我们到2号坑、3号坑看过就知道答案了。"

查一查：兵马俑的修复过程。

修复中的兵马俑

这时，宁大地跑了过来：“圣陶老师，这些兵马俑真是可爱，我们可以亲自动手制作兵马俑吗？”

“可以呀，在我们参观完秦始皇陵后，会有个实践环节——制作兵马俑！”圣陶老师答道。

“我已经想好兵马俑的表情了，你们俩想好了吗？我要制作一组兵马俑表情包，哈哈哈……”宁大地大笑着说。

做一做：制作兵马俑表情包。

兵马俑制作结束后，圣陶老师说：“同学们，你们知道吗？中国历史上许多主要王朝的首都都建在西安地区，它们分别是周、秦、汉、唐。我们看到了秦朝遗址，你们还想看看其他朝代的遗址吗？对了，我差点儿忘了，新石器时代我们的祖先还在西安创造了半坡文明呢。”

研学小队听到圣陶老师的话后，你一言我一语地讨论了起来，最后统一结果：“我们都很喜欢唐诗，所以想去看看唐代遗址，还有我们对原始社会的生活感兴趣，也想看看半坡遗址。还有什么呢？好像没有了，其他的下次再看吧，西安的东西太多了！”

“在兵马俑旁边就有一个关于唐诗的景区，我们去那儿看看吧。”圣陶老师说道。

贵妃笑时荔枝来——华清宫

研学小队来到华清宫，圣陶老师说道：“我们在课本上学到的‘贵妃与荔枝’的故事就发生在这里！”方小草充满了疑问：“华清宫和哪些唐诗有关呢？”

华清宫

查一查：描写华清宫的诗词。

“华清宫就是个池子啊，那有什么好看的呢？”宁大地嚷嚷道。

圣陶老师说：“这几个池子可不是普通的池子哦。____
____
____
____”

陶拉拉听着老师的讲解，说道：“原来还有这么一段故事呢，古人也挺会享受的嘛，哈哈！”

查一查：全国还有哪些著名的温泉？它们是怎样形成的？

圣陶老师补充道："不光古人会享受，就连蒋介石也喜欢住在这里，不过，他住在这里的时候被张学良将军抓住了。"

"然后发生了西安事变，对不对，圣陶老师？"陶拉拉抢答了，"那我们去看看西安事变发生地吧。"

抗日救亡图存
——西安事变旧址

"看墙上，果然有弹痕！80多年前的那场战斗一定很激烈，想想都害怕。"宁大地望着弹痕说。

陶拉拉看到屋里摆放的东西："没想到普普通通的五间房子里竟发生了这么重大的历史事件，以前只是在书上读到战斗的激烈，身临其境更有体会啊！"

方小草突然问陶拉拉："拉拉，张学良、杨虎城为什么要发动西安事变呢？"

查一查：张学良、杨虎城为什么要发动西安事变？

想一想：如果没有发生西安事变，抗日战争还会胜利吗？

回眸盛唐
——大明宫遗址公园

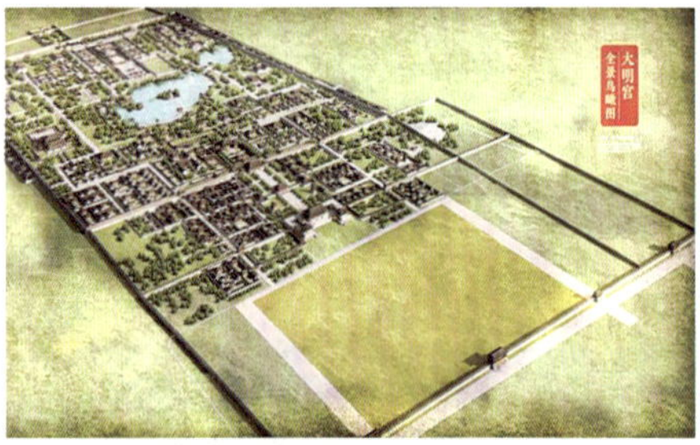
大明宫全景鸟瞰

研学小队来到大明宫遗址公园，圣陶老师说道：“含元殿、宣政殿、紫宸殿，这是大明宫的三大殿。”

“圣陶老师，好像故宫也有三大殿啊，它们的作用是相同的吗？故宫的三大殿和大明宫的三大殿有没有历史渊源呢？”方小草疑惑地看着圣陶老师。

大明宫		故宫	
三大殿名称	作用	三大殿名称	作用
有没有历史渊源？如果有，请在下方写出来。			

研学小队来到了大明宫遗址博物馆，在看到“万国来朝”版块时，陶拉拉说道：“唐朝真的很强大，这么多国家都来朝拜，他们大多数都是通过丝绸之路过来的吧？”

写一写：有哪些国家来到唐朝朝拜过？

写一写：丝绸之路经过了哪些城市？

“可是唐朝这么强大，为什么会衰落呢？”宁大地不禁疑惑道。

“大地，你知道《长恨歌》吗？里面有一句‘渔阳鼙（pí）鼓动地来，惊破霓裳羽衣曲’，讲的就是唐朝衰落的原因。”陶拉拉说完后，意识到宁大地肯定不知道，于是又补充道，“这说的就是安史之乱。渔阳就是现在的北京附近，有个叫安禄山的人在那里造反，攻下了长安城，唐朝由盛转衰，长安城也和唐朝的国运一样逐渐衰败。”

查一查：安史之乱。

“安史之乱，我知道。”方小草说，“我爸爸喜欢的一个书法名人颜真卿就和安史之乱有关系，他的侄子在安史之乱中被杀死了，然后他就写下了天下第二行书《祭侄文稿》，可惜原件在台北‘故宫’，很难亲眼见到。不过，西安碑林有颜真卿的《多宝塔碑》，我一定要去看看。我们什么时候去西安碑林啊？”方小草对书法史很是熟悉。

圣陶老师笑着说：“同学们，我们接下来将会去小草同学念念不忘的碑林，不过在去之前，我们先要了解长安108坊，感受盛唐的繁华。”

做一做：动手拼接长安108坊拼图。

动手拼接长安108坊拼图

推荐阅读《长恨歌》：

《长恨歌》是唐代诗人白居易的一首长篇叙事诗。全诗形象地叙述了唐玄宗与杨贵妃的爱情悲剧。其中“骊宫高处入青云，仙乐风飘处处闻。缓歌慢舞凝丝竹，尽日君王看不足”描述了唐明皇与杨贵妃在华清池的生活场景。

汉皇重色思倾国，御宇多年求不得。杨家有女初长成，养在深闺人未识。
天生丽质难自弃，一朝选在君王侧。回眸一笑百媚生，六宫粉黛无颜色。
春寒赐浴华清池，温泉水滑洗凝脂。侍儿扶起娇无力，始是新承恩泽时。
云鬓花颜金步摇，芙蓉帐暖度春宵。春宵苦短日高起，从此君王不早朝。
承欢侍宴无闲暇，春从春游夜专夜。后宫佳丽三千人，三千宠爱在一身。
金屋妆成娇侍夜，玉楼宴罢醉和春。姊妹弟兄皆列土，可怜光彩生门户。
遂令天下父母心，不重生男重生女。骊宫高处入青云，仙乐风飘处处闻。
缓歌慢舞凝丝竹，尽日君王看不足。渔阳鼙鼓动地来，惊破霓裳羽衣曲。
九重城阙烟尘生，千乘万骑西南行。翠华摇摇行复止，西出都门百余里。
六军不发无奈何，宛转蛾眉马前死。花钿委地无人收，翠翘金雀玉搔头。
…………
在天愿作比翼鸟，在地愿为连理枝。天长地久有时尽，此恨绵绵无绝期。

名碑荟萃——西安碑林博物馆

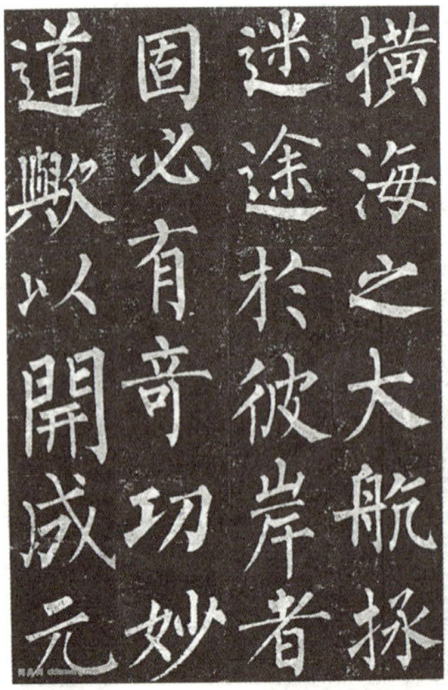

《秘塔碑》

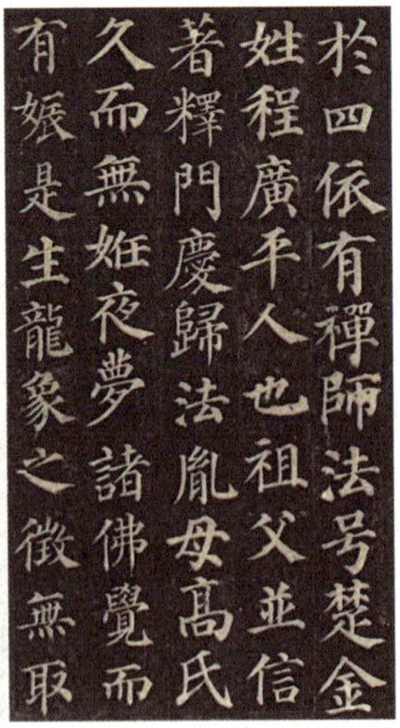

《多宝塔碑》

《曹全碑》

研学小队终于来到了方小草念叨了许久的碑林博物馆了，里面有好多方小草喜欢的书法家及书法作品。

找一找：碑林的书法家及其作品、书法字体、记录内容。

书法家	作品	书法字体	记录内容

找一找：找到《大秦景教流行中国碑》，记下所述的内容，说说碑的意义。

“这些碑太出名了，我想拍照把它们带回去和大家分享。”宁大地说。

“我们现在可以用相机拍摄，那么古人如果想把这些碑文带回家有什么办法呢？”陶拉拉问道。

这时，圣陶老师走了过来，说道：“在古代，人们都是通过拓印把碑文印在纸上，然后带纸回家就好了。今天借这个机会，大家一起来体验拓印课程吧。”

做一做：名碑拓印。

西安城的见证——明城墙

明城墙

研学小队参观完西安碑林博物馆后，从碑林博物馆边顺道走上了明城墙。

“为什么会有三座城门啊？我在电视里看到的不都是一座城门吗？”当研学小队走到城门时，方小草问道。

查一查，想一想：三座城门的名称是什么？它们分别起到了什么作用？北京有类似的城门吗？

“那个远处向外凸出的建筑叫什么呢？”方小草继续发问。

圣陶老师：“我们不要一直站在这里了，不如边走边看看城墙的建筑设施，如果有疑问，自己查查资料，想一想它们叫什么名字，起到什么作用。”

研学小队城墙研学收获		
建筑设施名字	作用	其他

在走完大半个城墙以后，研学小队的队员们突然觉得好累，这才发现已经到该吃饭的时候了，宁大地说：“我们去吃羊肉泡馍吧，不是有首歌唱道‘西安人不管到哪都不能不吃泡馍’吗？”

尝一尝：你认为羊肉泡馍味道如何？

羊肉泡馍

宁大地吃了两大碗羊肉泡馍后，说：“终于饱了。”

这时，方小草却问圣陶老师：“我在北京和爷爷吃过饭后，爷爷就会带我去看京剧，在西安也能看到京剧吗？”

“西安没有京剧，但有秦腔。”陶拉拉说道。

“对，有秦腔，等大家都吃饱后，我们一起去欣赏秦腔。”圣陶老师说道。

看一看、听一听、比一比、想一想：听过秦腔后，你觉得它和京剧有什么区别？对于这种地方戏剧，我们该如何保护与传承？

秦腔表演

中华文明的曙光——半坡文化

研学小队来到半坡博物馆，圣陶老师说：“半坡文化是我们的母亲河——黄河孕育的文化，又称彩陶文化，你们知道它为什么又叫彩陶文化吗？”

同学们听到“彩陶”二字，马上朝着彩色的陶器看去。

西安半坡博物馆

找一找、画一画：彩色陶器有哪些？上面的纹饰都叫什么名字？你可以把纹饰画出来吗？

陶器名称	陶器纹饰名称	纹饰描绘

参观完西安半坡文物与遗址展厅，陶拉拉问道："圣陶老师，我在书上看到过半坡人特有的房屋，这里也能看到吗？"

圣陶老师笑着说："6 000前年的东西我们肯定看不到了，现在只能看到复原图。不过，我们可以自己把它复原出来。"

做一做：搭建半坡原始人房屋。

想一想：半坡原始人的这种房屋有什么好处？它和当地的地理环境有什么关系？

想知道更多

研学旅行很快就结束了，研学小分队非常喜欢西安，恋恋不舍，因为他们觉得西安的研学点太多，短短的几天时间根本无法走遍。

“还有一些体现汉文化的地方没有去，卫霍北击匈奴的故事也没有领略。”陶拉拉有点遗憾地说道。

宁大地：“西安的美食很多，下次我要带着爸爸妈妈一起来吃油泼面、陕西粉皮等。”

方小草：“我想去附近的宝鸡看看天下第一楷书‘九成宫醴泉铭碑’。”

圣陶老师看着大家意犹未尽的样子，说道：“看来大家对西安的印象很好，认识也很全面。希望大家研学旅行结束后把这次的研学所得与对西安下次的研学期待一起进行总结，制作成一份研学报告分享给家长、同学。”

“我对《长恨歌》里面的典故感兴趣，我要以《长恨歌》为主线，讲讲里面的典故，配上自己的图片。”陶拉拉讲道。

“我还是以书法为主题吧，介绍碑刻文化、书法铭碑。”方小草说。

宁大地说道：“我在兵马俑博物馆看到了各种各样的兵俑形态，我要寻找现实中哪些人和这些形态相似，组成一幅脸谱图。”

收获分享

对于这次研学旅行，你还想知道什么？
你准备用什么方式展示这次研学成果？
跟着研学小队一起做吧！

活动评价表

评价项目	评价内容	自我评价			他人评价		
		优秀	良好	加油	优秀	良好	加油
学习态度	对活动充满兴趣，在行程开始前能够积极地搜集资料，完成活动规划。						
	在活动过程中能主动思考，探寻其中的问题，积极参加实践活动。						
	态度积极认真，具有团队精神和团体意识。						
实践探究	能够依据活动主题，自主选择恰当的方式开展活动。						
	能够与小队成员之间保持良好的沟通与合作。						
	具有反思意识，善于发现和总结。						
情感体验	在活动中增强文化自信和社会责任感。						
	在活动中表现出维护祖国的荣誉和利益、心系祖国和人民的爱国主义情怀。						
学习成果	能够以多元化的形式整理、总结活动成果。						
	能够以恰当的展示方式及时地分享活动收获与成果。						

寻根问祖　盐运之都

——山西运城

“唐尧虞舜夏商周，春秋战国乱悠悠……”研学小队活动教室里，方小草正捧着书摇头晃脑地读着。一旁美滋滋地吃着盐渍青梅的宁大地扭头对方小草说道：“小草，那么费劲儿地背书多没意思，你要不要尝尝这个青梅？酸酸甜甜的可好吃了。”

方小草瞪了宁大地一眼：“这可是朝代歌，熟记它就可以大致知道古时候朝代更替的顺序。”宁大地挠了挠头：“说的也是，这朝代歌里有的我理解，有的就不大明白，你说‘唐尧虞舜’指的是什么呀？”

方小草刚想说什么，就看到陶拉拉和圣陶老师走进教室。方小草眼珠子一转，跑到圣陶老师那里，向圣陶老师央求着：“老师，您能跟我们讲讲尧舜禹的故事吗？”

陶拉拉迫不及待地说道：“我刚想跟你们说，圣陶老师决定本次研学旅行去山西运城！”

宁大地疑惑地看着陶拉拉：“运城？那里有我们想知道的答案吗？”

圣陶老师笑了，看了一眼宁大地手里的盐渍青梅，说道：“对啊，那里可是我们中华民族的发源地，你吃的盐渍青梅也与运城有很大的关联哦！”

听到与吃有关，宁大地简直两眼发光，兴高采烈地说：“那我们快点出发吧！”

圣陶老师拦住立马就想回去收拾行李的宁大地，说道：“老规矩，在去运城之前，我们每一个人要先做一份研学旅行规划！”

运城市人民公园

大家一起来规划

规划行程

日期	时间	地点	研学任务	注意事项
第一天				
第二天				
第三天				
第四天				
第五天				
……				

课本链接

在我们课本里，涉及了哪些关于运城的人、事、地、物？请用“思维导图”画出来吧！

准备问题

提前搜集相关资料（参考相关课本、书籍、景点官网或公众号、网络视频材料等），提出感兴趣的问题。

关于__________，我最感兴趣的问题：______________________________。

打点行装

“兵马未动，粮草先行”，在去研学旅行之前一定要准备好足够的物品。自己收拾行装，你准备好了吗？你准备带上哪些东西？

物品清单					
学习用品	小用具	有效证件	个人药物	换洗衣物	其他

研学小队在这里

“这就是运城吗？它为什么叫‘运城’啊？”方小草一脸疑惑地问道。

陶拉拉推了推眼镜，瞥了方小草一眼：“运城可是因‘盐运之城’而得名的，看到这块写着‘盐池’的大石头了没有，运城盐湖可是我们祖先最早开发的盐湖！”

一听到盐，宁大地兴冲冲地说道：“盐是百味之首，可以用来做好多好多好吃的。”

圣陶老师看着大家，笑着说：“你们还知道运城的哪些知识呢？”

话说运城

运城，古称“河东”，______________________________

大家你一句我一句地分享了自己知道的运城知识。

最后，方小草不解地问道：“老师，您说过，这里有尧、舜、禹的故事，这是怎么一回事啊？”

圣陶老师看着陶拉拉：“不如让拉拉来告诉你们吧！”

陶拉拉自信地娓娓道出了其中的缘故。

尧、舜、禹：河东大地的那些事

虞舜塑像

从炎黄二帝到尧、舜、禹，华夏民族的祖先都曾相继生活在河东大地上，一起为中华文明的形成、发展与繁荣做出了巨大的贡献。“唐尧虞舜”，为什么是“唐尧”呢？这是因为在尧、舜、禹时期，黄河中下游地区的社会已经进入较快的发展阶段，社会生产力水平比以前有了较大的提高，社会文明也有了相当的进步，初步形成了一套比较完整的管理体系，表现出早期国家机构的雏形。到了尧时，尧创建的具有高度礼仪的“唐国”，是中华民族历史上出现的第一个国家。“唐尧”中的“唐”便源自尧创建的“唐国”，“虞舜”也是同样的道理。

尧、舜、禹先后出生在河东大地上，国都也都建立在河东大地上。

唐尧：

尧自幼天资聪颖，12 岁就辅佐兄长管理天下大事。据《蒲州府志》记载，他做了首领后，一开始将都城建在蒲坂，也就是现在的运城永济市，后来迁都至平阳，即现在的山西省临汾市。至今，永济市尚有尧王台遗址和尧王庙。

虞舜：

舜也建都于蒲坂，即现在永济市蒲州镇一带。据《括地志》记载：“河东县南二里故蒲坂城，舜所都也。城中有舜庙，城外有舜井及二妃坛。”永济市有个“舜帝村”，村中现在还立有一块“舜帝故里”的大石碑。相传，有一天，舜帝从这里出发巡视盐池，在卧云岗上看到池中人来人往的繁忙景象，兴之所至，操起古琴，随口咏出《南风歌》，流传至今。

南风歌

南风之薰兮，可以解吾民之愠兮。

南风之时兮，可以阜吾民之财兮。

夏禹：

禹建都于安邑，也就是现在运城市夏县禹王城村。《帝王世纪》中有明确记载：“舜都蒲坂，禹都安邑……今邑有禹王城基址，即旧都也……”禹治平天下洪水后，制定了古神州的行政区域。他把国家分为九个州，这也是中国被称为“九州”的缘由。禹王城是我国历史上第一个奴隶制王朝——夏朝建都的地方，世界历史学界承认中国第一个国家的出现是从夏朝开始的，夏朝初建都夏县。因此，禹王城被誉为“华夏第一城”。禹为夏王朝的建立奠定了基础，所以他被后人称为“夏禹”。

方小草瞪大了眼睛，不可思议地说道：“你是说我们现在站的地方，是几千年前尧、舜、禹生活的地方？”

宁大地笑得乐不可支：“他们选在这里建立都城，是不是因为盐呀？有了盐，很多很多东西才那么好吃！”

圣陶老师也笑了，对宁大地说：“你说对了哦！‘三圣王’将‘帝都’选择在盐池附近，充分利用了盐池丰富的食盐资源。正因为这一天然宝物，他们的部族才得以生存、繁衍、发展和强大。”

方小草看了看前面的盐湖，又仔细看了看周围的事物，对圣陶老师说：“老师，这运城真是一座有历史的城市，除了尧、舜、禹的故事，这里还有哪些人的哪些事呢？”

圣陶老师看着方小草和宁大地，神秘地说：“当然有啦，比如嫘祖养蚕缫丝、后稷教民稼穑等，都发生在这里。”圣陶老师笑着卖了个关子：“不过嘛，只有自己去揭秘，得到的知识才是自己的，这些故事我暂时不告诉你们，你们得自己去找寻答案！”

盐池

查一查：嫘（léi）祖养蚕缫丝的故事。

写一写：后稷教民稼穑（jia sè）的故事。

找到答案后，方小草不禁说道："原来古时候穿的衣服、吃的食物是这么来的啊。"

圣陶老师说道："是的。我们国家自古就以'丝国'著称于世。农耕呢，则是衣食之源、人类文明之根，农耕文化是世界上最早的文化之一，也是对人类影响最大的文化之一。"

陶拉拉与圣陶老师互相看了一眼，对方小草和宁大地说："还有呢，你们男孩子是不是很喜欢《三国演义》里面的英雄？"

参观 解州关帝庙

一听到《三国演义》，方小草更加兴奋了："我爷爷爱听京剧，京剧里有好多三国的故事，我也听过《唱脸谱》，'红脸的关公、黑脸的张飞……'。"说到这里，方小草眼睛都瞪大了："难道这里……"

圣陶老师笑了，说道："被尊称为'武圣'的美髯公关羽便是出生于运城。在运城有一座关帝庙，它可是我国现存建筑最早、规模最大、建制最高、保存最全的关帝庙宇，被誉为'关庙之祖''武庙之冠'。"

方小草忍不住了，拉着圣陶老师的袖子，央求着："老师，老师，我们去看看吧！"

圣陶老师说："我就知道你肯定想去看看，大家一起去。不过，我要先考考你们！"

说一说：武圣关公的历史故事。

关羽塑像

听了大家的介绍后，圣陶老师满意地点了点头，终于说出了方小草期待的那句话："走吧，下面我们参观关帝庙。不要马马虎虎地只是看一遍哦，结束以后还有问题等着你们呢！"

方小草和宁大地欢呼一声，拉着圣陶老师和陶拉拉，一起兴高采烈地去参观关帝庙了！

回忆游览关帝庙的路线，说说你参观了哪些建筑，并选择两个建筑详细说明它们的修建特点与文化价值。

关帝庙

宁大地的疑问：

历史上真的有关羽这个人吗？如果有，他真的是《三国演义》里写的那样的吗？

小感想

参观完关帝庙后，你有哪些感想呢？请写下来，与同学分享一下吧！

极目千里 鹳雀楼

鹳雀楼

在运城永济古城西郊外的黄河岸边，矗立着一座天下闻名的标志性建筑——鹳雀楼。诗人王之涣在这里悟出了“欲穷千里目，更上一层楼”这一平易而深刻的哲理，他激励每一位登上鹳雀楼的人抛弃固步自封的浅陋见识，登高望远，开辟更加美好的新境界。

研学小队来到鹳雀楼，看着眼前散发着浓浓历史气息的古建筑，方小草刚想大步向前，就被陶拉拉拉住了。

“你拉我做什么？”方小草不满地冲陶拉拉说道。

陶拉拉瞪了他一眼：“你急什么，圣陶老师还没说可以行动呢。”

圣陶老师看着前面的鹳雀楼，说道：“我们都知道唐代诗人王之涣写了一首《登鹳雀楼》，写的就是登上这座楼的感想。古代诗人喜好游览天下名胜，并以诗文记载游览时的所思所感。”圣陶老师看着所有人，又笑着说：“今天我们也来效仿古人，游览鹳雀楼，写一写感想吧！”

查一查：鹳雀楼的历史。

鹳雀楼中六层楼的展示主题与展示内容分别是什么呢?

第一层：

第二层：

第三层：

第四层：

第五层：

第六层：

六层高的鹳雀楼每一层都有不同的展示主题，研学小队在认真观看、记录、体会之后，终于登上了六楼，也就是诗人王之涣写下《登鹳雀楼》的地方。

方小草和宁大地激动地眺望远处的景色，叽叽喳喳地说着什么。

圣陶老师将研学小队召集在一起，说道："你们看，这里陈列了很多诗人登楼后写下的诗作，最为著名的就是王之涣的《登鹳雀楼》了。这首诗的前两句写景，后两句写感想，情景交融，让许多没有来过这里的人都能想象出这里的景象，感受到诗人的心境。"

圣陶老师看了所有人一眼，继续说道："现在，大家亲自登上鹳雀楼，心里是不是也有很多感想？我们可以写下来，与其他朋友分享。"

小感想

登上鹳雀楼，你有哪些感想呢？请写下来，与同学们一起分享吧！

方小草的畅想：

读万卷书，不如行万里路。我们中华民族数千年来产生了那么多灿烂的文化，是不是也与祖国壮丽的山河有着很大关系呢？

探访 司马温公祠

司马光著《资治通鉴》

宁大地看着眼前的雕像，凑到圣陶老师身边，问道：“老师，这个人是谁呀？上面写着‘著《资治通鉴》’，《资治通鉴》是一本书吗？”

圣陶老师笑着回答：“这是司马光，著名的历史故事——司马光砸缸，讲的就是他小时候的故事，《资治通鉴》是他主持编写的一部史书。”

宁大地明白过来了：“原来他就是司马光啊，真的好聪明、好厉害！”

说一说：司马光与《资治通鉴》。

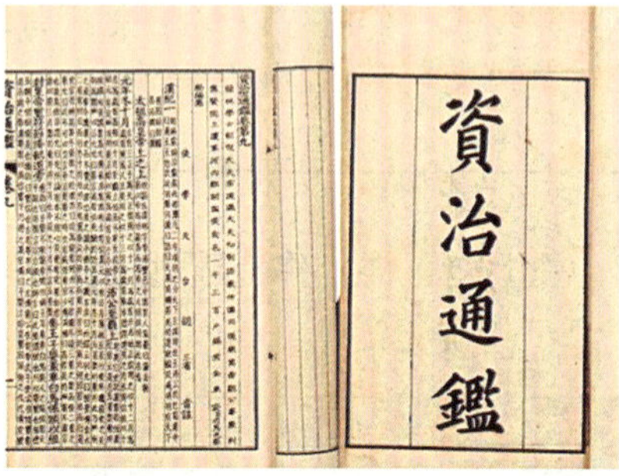

《资治通鉴》书影

“司马温公祠？不是司马光吗？为什么是司马温公呢？”宁大地有些不解。

圣陶老师看着陶拉拉，说道：“拉拉，你来告诉他吧！”

“刚刚查阅资料分享时，你没有认真听对不对？因为司马光去世后被追封为温国

司马温公祠

司马温公祠内景

公，他和他创立的学派就分别被称为‘温公’‘温公学派’，而司马又是司马光的姓氏，所以祭祀他的地方叫‘司马温公祠’。”陶拉拉推了推眼镜，回答了宁大地的疑问。

听了陶拉拉的解释，宁大地偷偷将手里啃了一半的大苹果藏到身后，有些不好意思地吐了吐舌头。

司马光，字君实，号迂叟。为人孝顺父母、友爱兄弟、忠于君王、取信于人，又恭敬、节俭、正直，是杰出的思想家和教育家。从小到大，他从来没有随便说过一句话，他自己说：“我没有什么超过别人的地方，但我一生的所作所为，从来没有不可告人的。”他的诚心出自天性，所以，天下人都敬重他、相信他，都以他为榜样，比照他，学习他的好品德。如果人们做了不好的事，就说：“司马君实莫非不知道吗？”

红色运城

“你们知道吗？革命的烈火也曾在古老的运城点燃，燃遍晋南大地。”圣陶老师用较为低沉的声音说道。

原本在打打闹闹的方小草和宁大地连忙端正态度，看着圣陶老师认真地说：“老师，这里有革命旧址吗？我们想去看看，好好了解这里发生的故事，学习先辈的革命精神。”

河东特委革命活动旧址

堆云洞河东特委革命活动旧址

堆云洞，如豆灯火，是河东革命火种；运城战役，攻坚克难，是全国攻城战例。先辈们坚韧不拔、顽强拼搏的精神和意志，不畏困苦、服从大局的革命意识，以及许多时代先锋、时代楷模的高尚品格，是我们迈向新征程的不竭动力。

参观夏县中共河东特委革命活动旧址，了解河东革命先辈为抗日战争胜利而奋斗的不屈不挠精神，说说自己的感想。

河东“群众领袖”嘉康杰

“嘉康杰？”陶拉拉看着前面的塑像，读着旁边的文字，“组织建立了河东地区第一支中国共产党领导下的工农革命武装——绛县红军游击队。”

宁大地说道：“虽然听不太懂，但我觉得他一定是一个很厉害的人。”

圣陶老师说：“是的，嘉康杰曾被刘少奇称赞为河东‘群众领袖’。”

查阅资料，介绍革命活动家嘉康杰。

嘉康杰

1952年10月14日，毛泽东在《革命军人牺牲家属纪念证》上题词：嘉康杰同志在革命中光荣牺牲，丰功伟绩，永垂不朽。

嘉康杰之所以受人尊敬、爱戴，主要是他以自己的行为去影响别人，发动人民参加革命斗争。他以不屈不挠的革命精神和崇高的个人品质，极大地影响了后来者。河东这片大地走出了许多具有极大影响力的重要人物。

圣陶老师的提问：

嘉康杰在年轻的时候便树立了自己的志向，并为此付出了不懈的努力。同学们，你们未来想要成为怎样的人呢？

蒲剧与线腔

蒲剧

线腔

蒲剧与线腔都是山西运城的地方传统戏剧，属于国家级非物质文化遗产。

查一查：蒲剧与线腔的历史。

用维恩图比较蒲剧和线腔之间有哪些相同点与不同点。

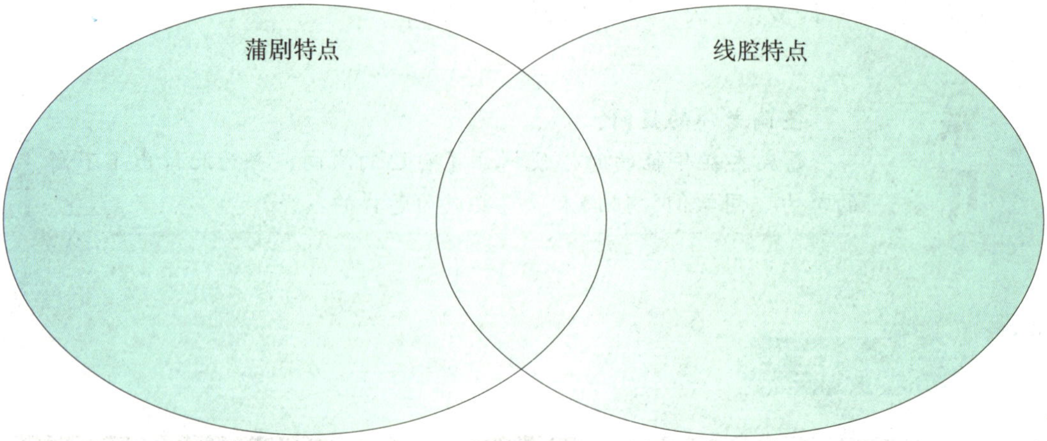

在知道了蒲剧和线腔的历史以后，方小草非常感兴趣：“我要好好了解蒲剧和线腔，回去告诉我爷爷，陪爷爷一起去观看表演！”

学一学：唱一段蒲剧。

陶拉拉的畅想：

同一个地区产生了两种不同的戏剧艺术，在它们的形成发展过程中一定有过相互碰撞。大家想一想：我国传统戏剧种类有很多，那蒲剧、线腔又与京剧等其他戏剧艺术有什么不同？国外也出现了优秀的歌剧艺术，蒲剧等我国传统戏剧与国外歌剧艺术又有哪些不同？从艺术的角度来看，如何判断某种戏剧是独特的、自成一家的？区分的最基本因素有哪些呢？

想知道更多

运城访古之旅结束了，研学小队的成员还想知道更多知识。

方小草说：“听说运城有一座李家大院，建筑风格很有特点，李家还是一个百年行善的大家族，我想去看看。”

“我想尝遍运城的美食！”宁大地见大家都看着他，有点不好意思，补充道，“运城的历史这么久远，而且在前面还讲过后稷发展农耕的故事，这里一定有很多很多有历史的美食！”

陶拉拉说：“我呢，还想去芮城永乐宫看看，身体是革命的本钱，我想去发掘吕祖养生的秘密。据说，永乐宫是世界古代壁画艺术宝库之一，有着‘东方艺术画廊’的美誉，我也想去学习学习绘画。”

“不错，看样子大家在本次研学中接触了很多运城的文化，大家都很有想法，也提到了本次研学计划以外的地点。纸上得来终觉浅，只有实际来到当地学习研究，我们才可以更深刻地理解书本上的知识。”圣陶老师对本次研学做了一个小总结，她接着说，“大家不要忘记了哦，本次运城研学还有最后一项任务！大家都知道，对不对？”

方小草、宁大地和陶拉拉异口同声地回答：“研学收获分享！”

圣陶老师很开心，笑着说：“那你们打算怎么总结分享呢？”

方小草想了想，第一个回答：“我拍了一些照片，回去整理好以后把自己最喜欢的部分介绍给大家。还有蒲剧和线腔，我学了几句，一定要好好跟我爷爷分享！”

宁大地挠了挠头，说：“我……我对运城的盐湖印象最深，我想写一篇关于盐的作文，向大家介绍平时食盐的历史。”

接着，陶拉拉也说了自己的想法：“虽然来之前我看了很多关于运城的资料，但是知道的和看到的还是有些不同。我想把自己这次研学的感想写下来和大家分享，尤其是运城的古老历史和革命精神，应该让更多的人知道和学习。”

收获分享

对于这次研学旅行，你还想知道什么？
你准备用什么方式展示这次研学成果？
跟着研学小分队一起做吧！

活动评价表

评价项目	评价内容	自我评价			他人评价		
		优秀	良好	加油	优秀	良好	加油
学习态度	对活动充满兴趣，在行程开始前能够积极地搜集资料，完成活动规划。						
	在活动过程中能主动思考，探寻其中的问题，积极参加实践活动。						
	态度积极认真，具有团队精神和团体意识。						
实践探究	能够依据活动主题，自主选择恰当的方式开展活动。						
	能够与小队成员之间保持良好的沟通与合作。						
	具有反思意识，善于发现和总结。						
情感体验	在活动中增强文化自信和社会责任感。						
	在活动中表现出维护祖国的荣誉和利益、心系祖国和人民的爱国主义情怀。						
学习成果	能够以多元化的形式整理、总结活动成果。						
	能够以恰当的展示方式及时地分享活动收获与成果。						

工匠精神　文明河洛

——河南洛阳

“小草，你在做什么呀？”宁大地看着正在专心刻东西的方小草问道。

方小草：“我在做橡皮印章呀！你看我刻的小狗可不可爱？”

宁大地：“哇！好厉害呀！”

方小草：“我这个印章才不算什么呢，还记得我们三年级课本里提到过龙门石窟吗？那里的石刻刻得比我厉害好几百倍呢！”

宁大地：“真的吗？我想去看看！”

陶拉拉：“我也想去！”

圣陶老师：“既然大家都那么积极，那这次老师就带大家到洛阳走一趟‘工匠精神’文化之旅。洛阳既有古代的石刻技艺，也有近代的工程技术，大家一路上可要好好学习哦！”

同学们异口同声地说：“好的，老师！”

河南洛阳概貌

大家一起来规划

规划行程

日期	时间	地点	研学任务	注意事项
第一天				
第二天				
第三天				
第四天				
第五天				
……				

课本链接

在我们的课本里，涉及了哪些关于洛阳的人、事、地、物？请用“思维导图”画出来吧！

准备问题

提前搜集相关资料（参考相关课本、书籍、景点官网或公众号、网络视频材料等），提出感兴趣的问题。

关于__________，我最感兴趣的问题：________________________________。

打点行装

“兵马未动，粮草先行”，在去研学旅行之前一定要准备好足够的物品。自己收拾行装，你准备好了吗？你准备带上哪些东西？

物品清单					
学习用品	小用具	有效证件	个人药物	换洗衣物	其他

仰望 龙门石窟

“哇噻！这也太壮观了吧！”研学小队的队员们激动地看着石窟群，露出惊叹的表情。

龙门石窟

“我之前只从书本上看到过龙门石窟的照片，还是亲眼所见来得震撼啊！”陶拉拉拿出手机，蹲在地上拍照，想要把石窟的全景拍下来。“当然啦！这龙门石窟可是中国四大石窟之一，都是以前工匠一刀一刀慢慢地刻出来的，而且这石窟可是跨越了很多朝代，每朝刻出来的作品风格也都有所不同，等会儿你们可要仔细观察哦。”圣陶老师提醒大家。

宁大地：“圣陶老师，刚才听导游介绍旁边是香山和龙门山，为什么不叫‘香山石窟’而叫‘龙门石窟’呢？

想一想：龙门石窟名字的由来。

同学们，选择一尊你最喜欢的石窟像，查一查工匠是花多少时间才完成雕像的。

我最喜欢的石窟像是：________________。

完成这个石窟像，工匠共花了______________的时间。

（照片粘贴处：我最喜欢的石窟）

宁大地：“哇！工匠竟花了那么长的时间呀！”

圣陶老师：“没错，这就是工匠精神，我们都要向古代这些工匠学习，静下心来把一件事做好，把每一个细节都尽量做完美，做到极致。”

宁大地：“对，我也要学习工匠精神，找遍各种美食，吃也要吃得极致，哈哈哈。”

陶拉拉：“大地，你就只知道吃，老师说的工匠精神才不是用在吃上面呢，是指我们要有责任心，专注在我们做的事情上面。”

圣陶老师：“拉拉说得没错，就像这次我们出来研学，大家就要好好把握学习的机会，不要只是走马观花，只顾着玩哦！”

圣陶老师：“同学们知道吗？除了有石刻之外，其实龙门石窟也是书法艺术的宝藏。大家今天都变身为小考古学家，找一找龙门石窟里最经典的书法艺术宝藏吧！”

我的寻宝发现：

____

____

____

____

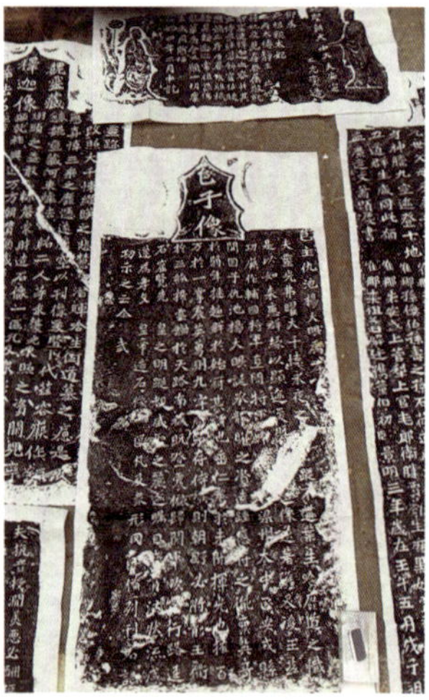

龙门石窟书法艺术

走近 唐三彩

洛阳博物馆

圣陶老师："上午观赏完龙门石窟，大家有什么感想？"

宁大地："石窟里的佛像好高啊！最高的佛像耳朵都有______米了！"

方小草："以前的工匠都好厉害呀！他们竟然可以刻得那么好。"

圣陶老师："同学们都观察得很仔细，在陡峭的崖壁上进行雕琢需要非常复杂的工艺，龙门石窟不愧是我国石窟艺术的典范。接下来，我们要去参观一个博物馆，那里有一种陶器，最基础的颜色有三种，大家能猜出来是什么吗？"

陶拉拉："老师，我知道！一定是唐三彩！"

圣陶老师："答对了，拉拉，接下来让我们走进博物馆，去探寻唐三彩的秘密吧！"

查一查：为什么叫唐三彩？"唐"指的是什么？"三彩"指的又是什么呢？

唐三彩

陶拉拉："老师，我发现了一件奇怪的事情，为什么唐三彩中有很多马，还有骆驼呀！这是什么原因呢？"

圣陶老师："拉拉同学观察得很仔细哦，有同学能帮她解答这个问题吗？"

想一想：为什么唐三彩中有那么多马和骆驼的造型呢？把你想到的原因写在下面的鱼骨图上吧！

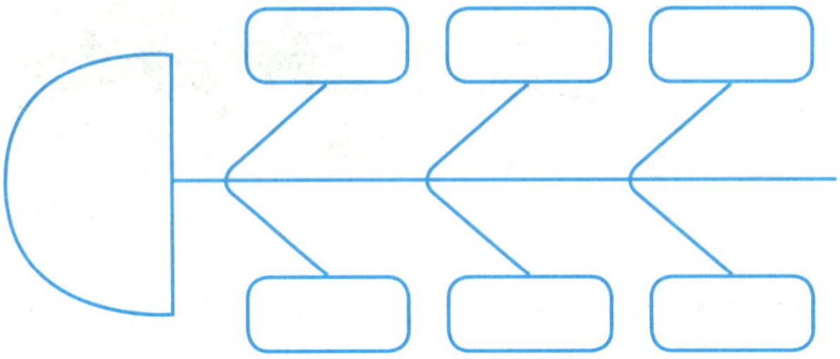

宁大地："刚才我们参观了唐三彩展示馆，那里的人物长得真好玩！"

方小草："我看到一个枕头，看是很好看，不过古代人枕它睡觉，一定没有我家的枕头舒服。"

陶拉拉："老师，我们能自己动手做一个唐三彩吗？"

圣陶老师："当然可以啊！接下来就是大家非常期待和喜欢的动手制作环节——唐三彩实践体验！"

方小草："大地，你做的唐三彩是什么啊？我选择的是三彩马。"

宁大地："我选择的是骆驼造型，我喜欢骆驼。"

陶拉拉："我做的是一只老虎，我爸爸属虎，我要把它送给爸爸。"

你做的唐三彩是什么样的呢？拍照留个纪念吧。

（照片粘贴处）

黄河 小浪底

圣陶老师："昨天我们看了古代伟大石雕匠人们的杰作，今天我们要看一座现代工程师的杰作。在《哺育我们的"母亲河"》那篇课文中，有提到过这个伟大工程，有人知道是什么吗？"

方小草抢着说："黄河小浪底！"在听到老师说现代工程师的杰作的时候，宁大地就想到了，但是被小草抢了先。

小浪底水利枢纽工程

圣陶老师："以前黄河有'一石水而六石泥'的说法，进入黄河下游的泥沙量有16亿吨。如果把这些泥沙做成1平方米的土墙，围起来可以绕地球27圈！一代又一代黄河治理人不断努力，持续摸索，建成了一座座水利枢纽工程，将黄河下游的防洪标准由60年一遇提高到了千年一遇！"

听到这里，宁大地不由得惊呼起来："提高到千年一遇！这个工程这么厉害啊！我们快去看看是怎么做到的吧！"

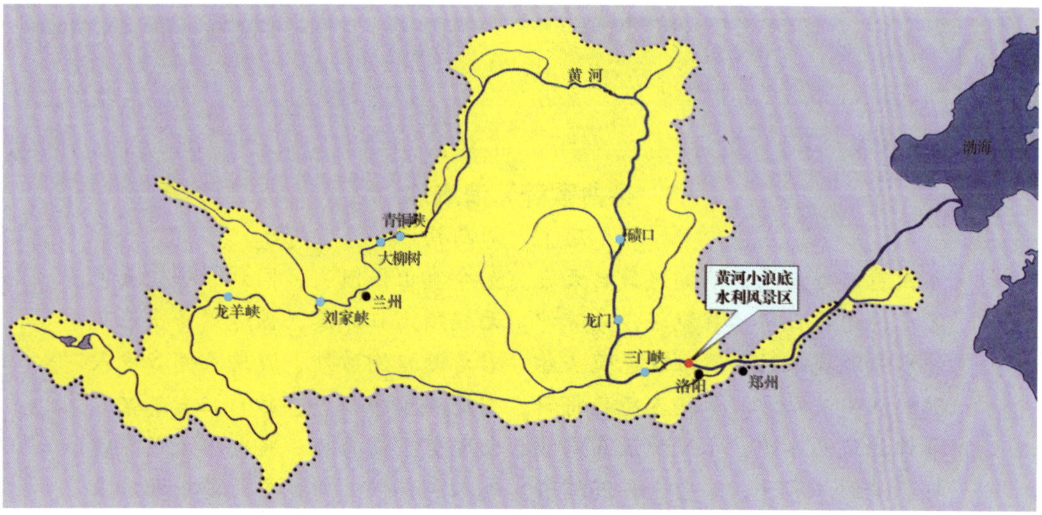

小浪底水利风景区位置图

同学们，你们知道什么是"水利工程"吗？请仔细观察"黄河小浪底水利风景区位置图"，并结合实际，想一想为什么要在图中的位置修建水利工程呢？黄河小浪底水利枢纽工程究竟发挥了什么功能呢？

1. 水利工程是：____________________________________

2. 黄河小浪底水利枢纽工程的选址原因是：______

3. 黄河小浪底水利枢纽工程发挥了______的作用。

除了黄河小浪底水利枢纽工程，你还知道哪些著名的水利工程呢？请用“思维导图”总结一下吧。

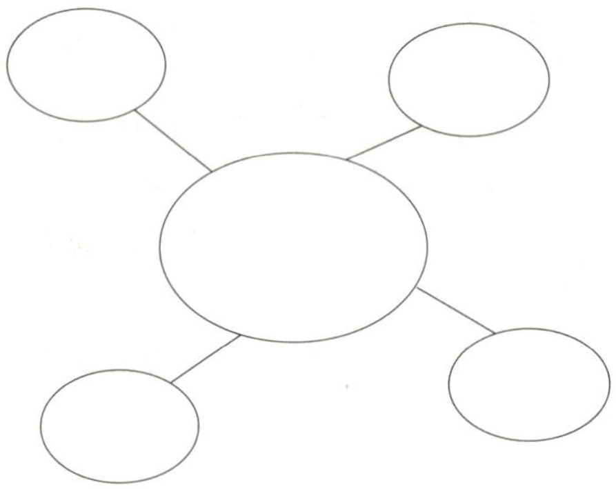

文化小贴士

杂曲歌辞·浪淘沙

［唐］ 刘禹锡

九曲黄河万里沙，浪淘风簸自天涯。如今直上银河去，同到牵牛织女家。
洛水桥边春日斜，碧流轻浅见琼沙。无端陌上狂风急，惊起鸳鸯出浪花。
汴水东流虎眼纹，清淮晓色鸭头春。君看渡口淘沙处，渡却人间多少人。
鹦鹉洲头浪飐沙，青楼春望日将斜。衔泥燕子争归舍，独自狂夫不忆家。
濯锦江边两岸花，春风吹浪正淘沙。女郎剪下鸳鸯锦，将向中流匹晚霞。
日照澄洲江雾开，淘金女伴满江隈。美人首饰侯王印，尽是沙中浪底来。
八月涛声吼地来，头高数丈触山回。须臾却入海门去，卷起沙堆似雪堆。
莫道谗言如浪深，莫言迁客似沙沉。千淘万漉虽辛苦，吹尽狂沙始到金。
流水淘沙不暂停，前波未灭后波生。令人忽忆潇湘渚，回唱迎神三两声。

走访 老子纪念馆

宁大地:“啊！我昨天晚上忘了给爸爸报平安就睡着了，今天早上爸爸说了我一顿。”

陶拉拉：“大地，你是不是昨天回到房间倒头就睡了。明明老师昨晚还提醒我们要记得给家里报平安的。”

方小草：“大地，你爸妈还是管得蛮严的，像我们家都提倡‘无为而治’，忘了报平安，或是以前晚点回家都没有关系，嘿嘿嘿！”

陶拉拉：“无为而治？这不是老子提倡的思想吗？”

圣陶老师：“没错，老子的思想还包含‘不言之教’‘物极必反’等。大家已经在课本里面认识了老子，现在我们马上就要来到老子纪念馆，大家将学到更多有关老子的故事哦！”

洛阳老子纪念馆

“哇！这里怎么有这么多画呀！每幅画好像都在讲一个故事，不过说的是什么故事呢？”走进老子纪念馆大殿时，小草看着壁上的画，百思不得其解。

陶拉拉：“小草，亏你还说从小到大是受无为而治管理方式长大的呢，竟然对这些故事都不了解。让我来告诉你吧！”

老子出生

据说老子的母亲吃了河中飘来的一个李子后，怀了81年的身孕，结果这个男孩一出生，就白眉白发，并且有白白的大络腮胡子，因此母亲给他取名叫“老子”。老子生下来就会说话，他指着院子中的一棵李子树，说：“李就是我的姓。”

陶拉拉：“第二幅画讲的是……”

圣陶老师看拉拉还想继续讲下去，连忙说道：“拉拉讲得非常好，不过其他的故事可要同学们自己去寻找答案喽！”

同学们，查一查其他画里都讲了些什么故事，并选出一个你印象最深刻的故事，说一说选择的理由吧！

我最喜欢的画是：______________________________。

原因是：____________________________________

____

____

____

____。

圣陶老师："我们在课文里学到过老子返璞归真的思想，现在，大家一起在老子纪念馆朗诵《道德经》中的句子，向老子致敬，也为这个研学地点画下美好的句点。你们说好不好？"

《道德经·第十九章》

绝圣弃智，民利百倍；绝仁弃义，民复孝慈；绝巧弃利，盗贼无有。此三者以为文不足，故令有所属；见素抱朴，少私寡欲；绝学无忧。

老子与道德经

体验 洛阳水席

洛阳水席，是河南洛阳一带的特色传统名宴。洛阳水席自唐代就开始了，到现在已经有 1 000 多年的历史，是中国保留下来的历史最久远的名宴之一。

洛阳水席

留下美好的回忆：

在左下方的方框中留下这次享用水席时候的美好照片；查一查，在右边的画线处把“水席”的含义写下来。

想知道更多

“这几天的研学让我大开眼界，古都洛阳城里的石窟艺术实在是太厉害了！”在回去的路上，方小草还沉浸在洛阳研学之行中。

“还有，黄河小浪底水利枢纽工程实在是一项伟大的建设，好佩服工程师们呀！”宁大地接着说。

陶拉拉：“这次研学让我对老子的思想更加感兴趣了。老子纪念馆的画，我还记得，讲的是老子出生、拜师、写《道德经》等的经历。不过，我还想去老子的故里河南鹿邑看看。”

圣陶老师听着同学们的讨论，露出了赞许的笑容：“看你们一路上收获那么多，我再辛苦也值得了！河南洛阳有非常丰富的研学资源。我们仰望雄伟壮观的石窟雕像，即使跨越千年，依然能够感受到古代匠人们高超的雕刻技艺。在老子纪念馆，我们体会到洛阳人民对中国传统文化中老子思想的尊重和继承。黄河小浪底水利枢纽工程更是现代中国水利工程技术发展的有力证明。希望大家回去后把看到的、听到的、想到的分享给家里的爸爸妈妈、身边的好朋友，让他们也一起感受洛阳古都的千年文化积淀以及现代成就。你们能完成任务吗？”

“保证完成任务！”同学们齐声说道。

收获分享

对于这次研学旅行，你还想知道什么？
你准备用什么方式展示这次研学成果？
跟着研学小分队一起做吧！

活动评价表

评价项目	评价内容	自我评价			他人评价		
		优秀	良好	加油	优秀	良好	加油
学习态度	对活动充满兴趣，在行程开始前能够积极地搜集资料，完成活动规划。						
	在活动过程中能主动思考，探寻其中的问题，积极参加实践活动。						
	态度积极认真，具有团队精神和团体意识。						
实践探究	能够依据活动主题，自主选择恰当的方式开展活动。						
	能够与小队成员之间保持良好的沟通与合作。						
	具有反思意识，善于发现和总结。						
情感体验	在活动中增强文化自信和社会责任感。						
	在活动中表现出维护祖国的荣誉和利益、心系祖国和人民的爱国主义情怀。						
学习成果	能够以多元化的形式整理、总结活动成果。						
	能够以恰当的展示方式及时地分享活动收获与成果。						

殷商故地　甲骨探秘

——河南安阳

“Hello，大家都在做什么呢！”

周口晚上八点，方小草在和宁大地、陶拉拉组成的微信群内发了消息。

“刚做完今天的语文试卷。”宁大地说。

“你们猜这是什么字——？”陶拉拉发来一张类似猫的图片。

“猫啊！这还用猜！”方小草秒回道。

“不对，提示一下，这个是甲骨文哦！”陶拉拉接着说。

“狼？”宁大地不确定地说。

“哈哈，你们一定猜不到，这个字是鼎（dǐng）。”

“啊？一点儿也看不出来。”宁大地不太相信。

“看完它的变化你们就知道了。”陶拉拉把“鼎”字从甲骨文演变到楷书的过程发到群里。

“哈哈，原来文字这么有趣啊！”方小草说。

“是很有趣呢，我们在《品德与社会》中学到过这些古老的文字，这些是在安阳商朝都城遗址中发现的。想要了解更多有关甲骨文的知识吗？”圣陶老师看到他们聊得正开心，想引导他们深入研究。

“嗯，老师，我们能去安阳看看吗？”陶拉拉期待地问道。

“好呀，安阳有中国文字博物馆，还有世界历史文化遗产——殷墟，我们可以进行一次人文历史研学之旅。”

河南安阳概貌

大家一起来规划

规划行程

日期	时间	地点	研学任务	注意事项
第一天				
第二天				
第三天				
第四天				
第五天				
……				

课本链接

在我们的课本里，涉及了哪些关于安阳的人、事、地、物？请用“思维导图”画出来吧！

准备问题

提前搜集相关资料（参考相关课本、书籍、景点官网或公众号、网络视频材料等），提出感兴趣的问题。

关于__________，我最感兴趣的问题：______________________________。

打点行装

“兵马未动，粮草先行”，在去研学旅行之前一定要准备好足够的物品。自己收拾行装，你准备好了吗？你准备带上哪些东西？

物品清单					
学习用品	小用具	有效证件	个人药物	换洗衣物	其他

研学小队在这里

“终于到了我向往的地方！安阳，我们来啦！”宁大地一下车就张开双臂，兴奋地喊道。

陶拉拉说：“来之前我查了很多关于安阳的文字资料，先给你们出个字谜吧。小草，你知道上小下大是什么字？”

“这个难不倒我，针尖的尖。”小草自信地说，还用手比划着怎么写。

圣陶老师：“‘尖’这个字比较好理解，上面小，下面大，用的是会意造字方法。其实，关于文字还有很多的故事，我们一起去探索吧。”

中国文字博物馆

“哇！前面那个金光闪闪的是什么啊？”宁大地一来到文字博物馆，就被前面十多米高的建筑吸引了。

“那是字啊！”陶拉拉一脸鄙视地答道。

“哦！我看出来了！外面像是个宝盖头，里面有个圆形，圆形下面是个十字形，像是个甲骨文的子。”方小草根据陶拉拉的提示自己猜测道。

圣陶老师摸着方小草的脑袋说：“不错嘛！你猜得对。同学们，我们现在来到了中国文字博物馆。有谁能告诉我中国最早的文字是什么？”

中国文字博物馆

“当然是甲骨文啦！”宁大地觉得这个问题很简单，抢着回答。

“我们现在常用的是楷体，那你能说说文字是怎么演变的吗？”圣陶老师接着问。

“我只知道有草书、行书，陶拉拉，你来给大家讲讲吧。”宁大地抓了抓大脑袋，转头向陶拉拉求助。

圣陶老师：“不知道答案没关系啊，让我们去文字博物馆寻找答案吧！”

中国文字博物馆位于甲骨文的故乡——河南省安阳市。中国文字博物馆是一座以文字为主题，集文物保护、陈列展示和科学研究功能于一体的国家级博物馆，也是世界上唯一一座以文字为主题的国家级博物馆，是中华汉字文化科普中心、全国科普教育基地和爱国主义教育基地。

“这上面有好多甲骨文啊！”方小草看到广场上排列着很多石碑。

“这些石碑结合了甲骨文和青铜器两种元素，你数数看有多少石碑？这个数字可是有特殊含义的呢。”陶拉拉一脸神秘地告诉方小草。

“一、二、三……”方小草用手一一数着石碑。

数一数：广场上有多少石碑？这个数字有什么特别的含义呢？

宁大地看着展示的图片说：“这些字看起来没什么特别的，如果我见到，可能就丢掉了。”

圣陶老师：“以前没有人懂得它的价值，甲骨文碎片最早被当作中药来卖，它的发现是个偶然事件，你们知道其中的故事吗？”

说一说：甲骨文是怎么被发现的？

“这些甲骨为什么都有裂痕啊？”宁大地指着一片龟甲好奇地问道。

“是因为发掘的时候不小心吗？”陶拉拉想了下问道。

圣陶老师：“不是的，这些裂痕发掘的时候就有了，它们是古代占卜吉凶的痕迹。”

方小草：“占卜？用龟甲怎么占卜？”

甲骨

查一查：回答方小草的疑问。

在看完商王问卜展览后，陶拉拉对宁大地说：“已经出土的刻在龟甲兽骨上的文字有几千个，不过这些文字太久远，目前能够识别出来的只有一千多个，最好认的就是我们课本上讲到的‘人、口、手’等。”

圣陶老师：“拉拉刚才说到的都属于象形文字，比较好认，因为和具体形象类似，还有指事、会意、形声的造字方法。同学们，看了这些造字方法，你知道自己的名字属于哪一类吗？”

方小草：“我名字里的‘草’是形声字。”

宁大地张开双臂，劈着叉说：“你们看我的姿势像什么字？”

方小草："'大'字，我知道你的名字是象形文字，别劈叉了，赶紧站好吧！"

圣陶老师讲堂：

甲骨文是最早的成体系的文字，有象形、指事、会意、形声四种造字方法。象形字是用简单的线条描摹事物的基本形状，比如'人、口、手'。指事字是利用简单的指事符号实现表意功能的一些字，比如'上、下'。会意字是两个或两个以上的象形字组合起来产生的具有新义的字，比如'射、飨'。形声字是由表音和表意部分组成的字体，比如'酒、草'。

想一想，你名字里的字属于哪一种造字方法？

体验雕版印刷

参观完展览馆，宁大地对圣陶老师说道："他们在龟甲上写字太不方便了，怪不得甲骨文字的笔画都比较少，还歪歪扭扭的。"

"每一片龟甲都是不一样的，想复制都很难啊！万一写错了怎么办呢？"小草感慨道。

陶拉拉："聪明的古人后来发明了印刷术啊！这可是我国古代四大发明之一呢。"

圣陶老师："是的，印刷术的发明使得手工抄写变成了机械复制，这样人们获取知识就更方便了，也更有利于文化的传承和发展。接下来，我们会进行雕版印刷的体验活动，不要忘了把流程总结下来哦！"

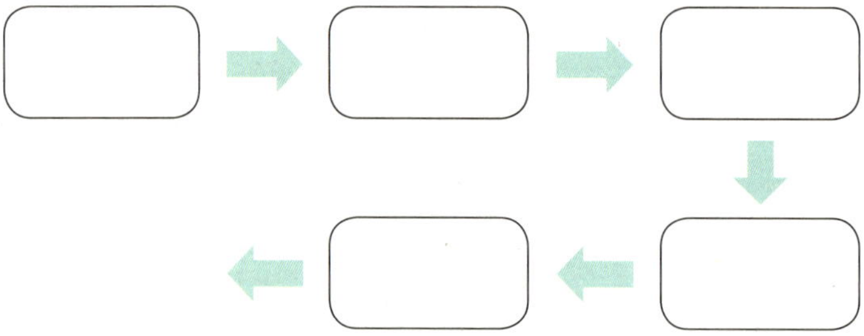

小贴士

馆内规则

1. 参观博物馆不能穿着太随意。

博物馆、展览馆都属于与国际接轨的正式场地，每一个国家对馆内的环境要求都是非常高的，对参观者当然也有一定的要求。穿着背心、短裤衩、拖鞋等进入博物馆、展览馆都是不恰当的，这是对馆内其他参观者、工作人员的不尊重，是不讲"礼"的行为。

2. 轻声说话，使用礼貌的言语交谈，馆内需要保持安静。

博物馆、展览馆和图书馆，都是需要绝对安静的场所，这样才能让自己和其他参观者享受到艺术品带来的艺术美感。

在馆内，应该始终保持安静，尽量不要高谈阔论，更不能大声喧哗。大声喧哗、呼叫周围人等都会导致馆内的参观秩序混乱，分散大家的注意力。

3. 不要乱摸展品，不要追逐打闹。

能够陈列的展品都非常珍贵，有些甚至是世界上独一无二的。乱摸展品是对展品的“伤害”，有的甚至是“毁灭性”的破坏。更不能在馆内追逐打闹，因为这会打扰其他参观者，甚至损坏展品。

4. 对标有“严禁拍照”的展品不要摄影、拍照。

拍照时会使用到闪光灯，而有的珍稀展品“怕光”，在“强光”的影响下会缩短寿命，甚至造成永久性的破坏。

5. 不要乱扔垃圾。

无论何时何地，随便扔垃圾都是非常不文明的行为。博物馆讲究整洁优雅的参观环境，更加需要我们注意文明。

“垃圾入篓”“分类扔垃圾”，到处都有这样的提示语，希望我们每一个人都能做到。

6. 不要跨越文物护栏或玻璃围栏，一切听从馆内人员的引导，尊重讲解员。

跨越护栏是影响展品的行为。在参观的过程中有任何疑问可以小声礼貌地询问讲解员，切不可“咄咄逼人”，要讲究礼貌用语。

入馆前，要认真听工作人员讲解规则和注意事项，遵守馆内秩序，尊重讲解员。

走进 殷墟

“老师，我们在博物馆里看到的甲骨文就是在这里发现的吗？”宁大地又开启问题模式了。

圣陶老师：“是啊，我们常说，夏商周，春秋战，秦朝以后是两汉。安阳作为商朝的国都，是历史上第一个被考古证实的古代都城遗址。”

陶拉拉：“殷墟可是被列为‘中国20世纪100项考古大发现’之首。老师，我想去看看都有哪些考古发现。”

圣陶老师：“好的，殷墟承载着3 000多年的历史，大家先查查它的文字资料吧！”

殷墟博物苑

殷墟，位于中国历史文化名城——安阳市的西北郊，横跨洹河南北两岸，古称“北蒙”，甲骨文卜辞中又称“大邑商”“邑商”，它系统地展现了中国辉煌灿烂的文明，是中国历史上第一个有__________并为甲骨文和考古发掘所证实的古代都城遗址，距今已有__________年的历史。2001 年 3 月，殷墟被评为“中国 20 世纪 100 项考古大发现”之首。2006 年 7 月 13 日，殷墟因具有全球突出的普遍价值和良好的管理与展示，在第 30 届世界遗产委员会会议上被列入《世界遗产名录》。

参观王陵遗址

“哇！这里有这么多战车啊！原来这么早就有了双轮车马，商朝人太聪明了！”方小草看到车马坑里的战车，不由得惊叹起来。

“老师，这个好吓人！都是人的骨头吗？我晚上可能要做噩梦了！”陶拉拉看到祭祀坑里的陈列品，吓得躲到圣陶老师的身后，紧紧抓着老师的衣角。

圣陶老师：“商朝是奴隶制社会，奴隶主是不把那些奴隶当作人对待的，君王死后会杀死很多奴隶进行陪葬。”

宁大地：“还好我出生得晚！我才不想被拉去殉葬呢。”

圣陶老师：“我们现在已经是民主自由的国家了！这种制度再也不会发生在我们身上了。”

王陵遗址

古代女战神——妇好

“王后？”宁大地看到前面石块上有几个甲骨文，就根据在文字博物馆里学到的知识读起来。

“这是王后、母亲、女将！这些词语都代表妇好。”陶拉拉纠正道。

方小草看到前面有个妇好的汉白玉雕像，手持一件像斧头的武器，英姿飒爽。

“妇好是个将军啊？她看起来好厉害。”宁大地围着雕像近距离看着。

妇好像

圣陶老师指着类似斧头的武器说：“她可是历史上第一

位有据可查的女将军。你看她手里拿的武器，叫钺（yuè），有八九斤重呢。这是军事统治权力的象征。”

陶拉拉猜道：“妇好用这么重、这么有权力的兵器，肯定力气特别大，打仗也很厉害。”

方小草的畅想：

如果有机会和妇好对话，你想问她什么呢？

参观殷墟博物馆

“陶拉拉，你看这里竟然有个水管。”宁大地指着一个陈列展品说。

“这是三通，应该是类似于下水道管的东西吧，商朝的城市建设水平是很高的。”圣陶老师对宁大地解释道。

“你们看，竟然还有海贝！听导游讲这是用来买卖东西的。现在多方便，手机在手，说走就走！”方小草拿着手机神气地说。

圣陶老师：“小草同学非常善于观察！博物馆里还有铜戈、青铜箭头、青铜矛，以及各种青铜鼎、尊、盘等，研学手册上的展品大家记得都要找到哦！”

图片	你认识它们吗？

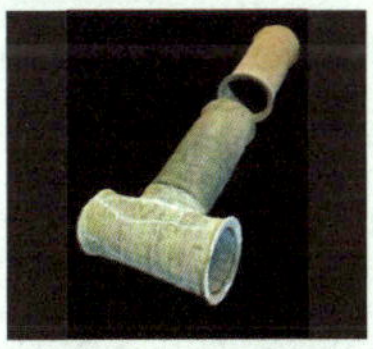	

学习 红旗渠精神

红旗渠修建于1960年，当地人民为了生存下去，苦战____个春秋，仅仅靠着一锤、一铲、两只手，在太行山的悬崖峭壁上修成了这全长________千米的红旗渠。20世纪60年代正是中国历史上最难熬的时期，三年自然灾害，庄稼颗粒无收，到处都是逃荒的人们，许多人永远留在了逃荒的路上。就在人们连饭都吃不饱，生产工具极其简陋的情况下，林州的人们不畏艰难、团结协作、无私奉献，历经多年，终于将红旗渠及配套工程完成了。在修建的过程中，有些人为此奉献出了自己的生命。如今，红旗渠已经成为国家AAAAA级旅游景区，也是全国重点文物保护单位。越来越多的人到红旗渠参观，学习当年人们艰苦奋斗、不向生活妥协的精神。

红旗渠

“好渴啊！小草，你还有没有水？我忘带了。”宁大地有气无力地对小草说。

方小草：“我也忘记带水出来了，本来还想问问你有没有水，是否可以给我一些呢。”

圣陶老师听到他们两个的对话，想到刚好可以借此机会让大家了解当时林州人民开辟“人工天河”的艰辛，便开口道：“口渴是不是特别难受呀？不过在开辟这个渠道之前，林州缺水特别严重，一年当中人们洗澡的次数用手指头都数得过来呢！我们平时要珍惜水资源，很多人不是想喝就能立即喝到水的。你们两个再忍一忍，前面就有卖水的地方了！”

想一想：我们生活当中有哪些时候会用到水呢？

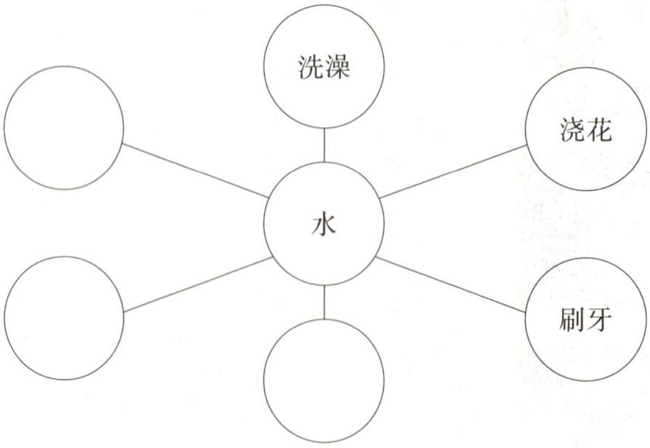

方小草的畅想：

生活当中竟然有那么多用到水的地方，林州人民那时候到底是怎么度过的啊？

林州人民修建渠道

“叮叮当当！”不远处传来金属相互敲打的声音。

方小草：“咦？前面怎么有一群人在敲敲打打呀？”

圣陶老师：“那个就是当时修建渠道的情境，实际情况比我们现在看到的还要艰难得多。”

方小草惊讶地问：“难道那时候人们就用两只手加上这些工具吗？太不可思议了，这怎么可能……”

陶拉拉：“是真的！这里是林州人民在极其艰难的条件下，凭着简单而原始的工具修建起来的。当时的人可真了不起，红旗渠精神真的是我们现在每个人都需要好好学习的。”

同学们，参观完红旗渠，你们有什么想法要和大家分享呢？

方小草的畅想：

“自力更生、艰苦奋斗、团结协作、无私奉献”的红旗渠精神将响彻历史岁月，成为激励我们实现中华民族伟大复兴的强大精神动力。

品尝 道口烧鸡

“终于到我最期待的时刻了！吃美食！”看到前面有卖道口烧鸡的店铺，宁大地立马冲过去买了一份，大口大口地吃了起来。

宁大地：“这烧鸡吃起来可真香。不过，凭我大地吃遍那么多地方美食的经验，我觉得道口烧鸡明明和北京烤鸭没差多少，怎么以前没有听说过呢？”

陶拉拉：“北京烤鸭肯定会比道口烧鸡有名呀，从历史……”

“你先忍住，不要告诉我，身为美食家，我来自己找答案吧！”宁大地向陶拉拉做了一个停止的手势。

道口烧鸡

同学们，你们能帮宁大地一起找找答案吗？

	道口烧鸡	北京烤鸭
历史年代		
是否为宫廷美食	□是　□否	□是　□否
是否深受皇帝喜爱	□是　□否	□是　□否

想知道更多

快乐而充实的安阳之旅结束了，同学们都感到意犹未尽。

陶拉拉说：“我还想去有河伯娶妻传说的地方看看。”

方小草说：“我嘛，我觉得中国文字太有趣了！我还想再去中国文字博物馆仔细看看，在那里看一天也不够。”

宁大地：“我看到了司母戊鼎，还想去国家博物馆看看真迹。”

圣陶老师欣慰极了：“大家能有这么高的积极性，老师实在太开心了。离开安阳并不是研学的结束，回去以后，大家还应该用自己的方法展示研学收获，整理研学知识，把成果分享给家长和其他同学，你们说怎么样？”

“没问题！”方小草积极响应，“我早就想好了，回去以后我要用甲骨文做一幅画，让更多的人喜欢甲骨文。”

陶拉拉说：“那我要做个关于红旗渠精神的演讲，传播他们的精神！”

宁大地：“我要当道口烧鸡的代言人，推荐给我的好朋友们，让它一天比一天出名！”

圣陶老师开心地说：“大家记得都要说到做到哦！回去之后也别忘了和爸爸妈妈分享这次研学的所见所闻！”

同学们异口同声地说：“好的，老师，我们一定会做到的！”

收获分享

对于这次研学旅行，你还想知道什么？
你准备用什么方式展示这次研学成果？
跟着研学小队一起做吧！

活动评价表

评价项目	评价内容	自我评价			他人评价		
		优秀	良好	加油	优秀	良好	加油
学习态度	对活动充满兴趣，在行程开始前能够积极地搜集资料，完成活动规划。						
	在活动过程中能主动思考，探寻其中的问题，积极参加实践活动。						
	态度积极认真，具有团队精神和团体意识。						
实践探究	能够依据活动主题，自主选择恰当的方式开展活动。						
	能够与小队成员之间保持良好的沟通与合作。						
	具有反思意识，善于发现和总结。						
情感体验	在活动中增强文化自信和社会责任感。						
	在活动中表现出维护祖国的荣誉和利益、心系祖国和人民的爱国主义情怀。						
学习成果	能够以多元化的形式整理、总结活动成果。						
	能够以恰当的展示方式及时地分享活动收获与成果。						

豫见郑汴　文脉相传

——河南郑州、开封

“嘿！你一个人在这里做什么呀？”方小草偷偷摸摸地跑到陶拉拉身后，突然大喊一声。

“吓死我了，干嘛乱吓人！都是你害我画错了。”陶拉拉指着她的画气呼呼地对小草说。

方小草：“你在画什么呀？我记得这周没有美术作业要做呀！”

陶拉拉得意地说：“这不是作业，记得我们之前学的课本里出现过《清明上河图》吗？它画的就是宋朝时候的真实景象。我在效仿那个画家，在画我们的学校，说不定有一天这幅画也会成为一幅扬名中外的画哦！”

方小草：“不如我们这次研学去看看那幅画中的场景吧！当时老师上课讲到它的时候，我就一直很想看看。”

陶拉拉：“好呀！那我们赶紧和大地还有圣陶老师说。”

河南郑州

河南开封

大家一起来规划

规划行程

日期	时间	地点	研学任务	注意事项
第一天				
第二天				
第三天				
第四天				
第五天				
……				

课本链接

在我们的课本里，涉及了哪些关于郑州和开封的人、事、地、物？请用“思维导图”画出来吧！

准备问题

提前搜集相关资料（参考相关课本、书籍、景点官网或公众号、网络视频材料等），提出感兴趣的问题。

关于__________，我最感兴趣的问题：____________________________。

打点行装

“兵马未动，粮草先行”，在去研学旅行之前一定要准备好足够的物品。自己收拾行装，你准备好了吗？你准备带上哪些东西？

物品清单					
学习用品	小用具	有效证件	个人药物	换洗衣物	其他

研学小队在这里

圣陶老师：“我们曾经学过一篇课文，叫《一幅扬名中外的画》，有谁还记得是什么画吗？”

陶拉拉立即回答道：“《清明上河图》！”

圣陶老师：“没错，我们今天来到的清明上河园，是以《清明上河图》为蓝本1∶1复原再现的大型宋代历史文化主题公园。今天我们将从课本上的图走到复原再现的真实场景中，从现代走回古代。让我们开始这趟旅程吧！”

清明上河园

清明上河图

《清明上河图》局部

同学们在课本上都看过《清明上河图》这幅画，有谁可以说一说这幅画说的是什么故事呢？为什么张择端当时要画这幅画呢？

找一找：在清明上河园的石雕画上找到《清明上河图》的情景。

在语文教材中，关于《清明上河图》有这样一段描述：“最有意思的是桥北头的情景：一个人骑着马，正往桥下走。因为人太多，眼看就要碰上对面来的一乘轿子。就在这个紧急时刻，那个牧马人一下子拽住了马笼头，这才没碰上那乘轿子。不过，这么一来，倒把马右边的两头小毛驴吓得又踢又跳。站在桥栏杆边欣赏风景的人，被小毛驴惊扰了，连忙回过头来赶小毛驴……你看，张择端画的画，是多么传神啊！”

同学们，你能在清明上河园内的石雕上找到上述这个情景吗？

“快看，快看，那边有包拯！”方小草突然大声喊大家往里看。

“开封府府尹包拯奉旨率领文武百官，设皇家仪仗，举行开园大典！恭迎四方嘉宾入园，共享人间欢乐！”原来是包公迎宾仪式开始了！

包公迎宾仪式结束后，圣陶老师向同学们说道：“除了我们刚一进来就看到的包公迎宾仪式外，里面还有很多结合宋代历史故事和生活情景创作的表演，比如盘鼓、高跷、气功喷火、斗鸡、布袋木偶，还有王员外招婿、岳飞枪挑小梁王，大家还可以看到汴河漕运……看节目的时候一定要注意安全，人比较多，不要掉队哦。”

观赏节目

岳飞枪挑小梁王的故事

北宋末年，金国大举入侵，各地变乱蜂起。内忧外患之下，朝廷进退失据，无数仁人志士扼腕痛惜，满怀一腔报效国家的热血。为了抵御外辱，选拔战将，大宋朝廷开武举，一下子吸引了数千名来自全国各地的有志之士。于是，岳飞约上结拜兄弟牛皋、王贵、汤怀、张显四人，一同来到汴梁应考。

武举考试中有一个有权有势、文武双全的考生，名叫柴桂，人称“小梁王”。他暗中买通了主考大人，对武科状元志在必得。最后，岳飞和小梁王比武。两人先比射箭，岳飞弓开如满月，箭去似流星，一连九发，枝枝从靶心穿过，小梁王不敌岳飞。后进行马上比武，论武艺，小梁王根本不是岳飞的对手，可此时岳飞心里十分犯难：那小梁王乃是贵胄（zhòu），自己不过一区区武生，比武场上枪来刀往，万一失手，如何担待得起。所以一开始，岳飞并不还手，只是招架小梁王的左杀右砍。为了避免意外，岳飞请求立下“生死文书”，不论哪个伤了性命，都不要偿命。岳飞这下没了顾忌，全力和小梁王比试。预知后事如何，请到表演现场观看吧！

岳飞枪挑小梁王

包公巡案的故事

虹桥脚下，张三、李四双手相互拉扯着一张羊皮，大喊大叫，争吵厮打着，互不相让。街上开封府府尹包拯巡视，一行人沿街缓缓而至。一张羊皮，二人来争，一说背柴，一说背盐，皮子所属为何人？且看铁面无私的包公来智判！

包公巡案

方小草的畅想：

如果你是包公，你会怎么断案呢？

大宋·东京保卫战

公元 1126 年，金军兵临开封，太常少傅李纲率领军民奋力抵抗，在京城四面布置了重兵，并准备了足够的器械。这是一场关乎北宋存亡的战役，有无数热血男儿为了保卫家乡，抛头颅，洒热血。800 多年后的今天，在盛世画卷里，将上演最震撼人心的“大宋·东京保卫战”，重温那一段峥嵘岁月，体会和平年代的美好，唤起内心最深的爱国之情。

陶拉拉的总结：

当时北宋国力衰弱，金兵都已经打到都城了，最后官兵团结，同仇敌忾才击退了金军。一个国家必须要有强盛的兵力，才可以不受欺侮。今年是新中国成立 70 周年，在和平安定的盛世，不需要我们上阵杀敌，但我们好好学习，努力向上就是在保卫祖国。

园内还有什么令你印象深刻的表演或游玩项目呢？把它记录下来吧！

探访 嵩阳书院

嵩阳书院是我国创建最早、影响最大的书院之一，它和湖南的岳麓书院、江西的白鹿洞书院、河南商丘的睢阳书院（应天书院）并称为我国古代著名的四大书院。

嵩阳书院

圣陶老师："同学们，我们现在来到了嵩阳书院。在进书院之前，有人能告诉我书院是什么时候出现的吗？"

方小草低头思考着说道："好像是唐朝，又好像是宋朝，我有点儿记不太清楚了。"

陶拉拉："老师，我知道，书院在唐朝的时候就有了，只是这些有名的书院都是宋代的，但我不知道为什么书院会在宋代的时候兴盛起来。"

查一查：帮陶拉拉解答问题。

"来，同学们！了解了书院的背景后，我们先到嵩阳书院的先圣殿前面集合。问你们一个问题，有人知道先圣殿里头祀奉的人是谁吗？"圣陶老师指着先圣殿的孔子雕像问道。

方小草抢着回答说："我知道，是至圣先师孔子！"

圣陶老师点点头："对的，孔子被世人称为万世师表，他提倡有教无类，有弟子三千，贤人七十二。为了表示对孔子的尊崇，我们今天会在先圣殿前举行拜孔仪式。接下来大家排队领取汉服，准备进行庄严隆重的拜师仪式啦！"

拍张照片，为自己留下一个穿汉服的画面哦！

（照片粘贴处）

宁大地的疑问：

圣陶老师，为什么叫嵩阳书院而不是嵩山书院呢？书院不就是在嵩山里面吗？

圣陶老师："有人可以回答大地的问题吗？"

"老师，我知道！"陶拉拉挥舞着手，生怕老师没有看到她。

圣陶老师看到拉拉举起的手，便向拉拉点点头，说道："好的，那我们请拉拉给大家解释一下。"

"因为嵩阳书院在嵩山面向阳光的地方，所以古人才把它命名为嵩阳书院。"陶拉拉自信地说。

圣陶老师："没错，拉拉说得很好。除此之外，关于嵩阳书院还有一个小故事哦，我们之前课本里有学到，有同学能想起来吗？"

还没等老师说完，方小草就抢着回答："我知道！是程门立雪的故事。"

讲一讲："程门立雪"的故事。

走访 少林寺

"看，那边有一群提着大刀的武林高手！"十几位刚结束表演的少林武僧从方小草他们眼前经过，小草激动地拉着大地跑过去看。"小草！你们又擅自行动，脱离组织！老师马上要布置研学任务了。"陶拉拉赶紧去把他们追回来。

"同学们，我们现在来到了武林圣地——登封少林寺，大家可以通过查询网络、查找书本、询问导游等方式了解有关少林寺的知识。"圣陶老师跟大家说。

少林寺

查一查：有关少林寺的知识，并说一说你对少林寺的了解。

圣陶老师说："大家在查找少林寺资料的时候，一定了解到很多关于少林寺的知识。人们常说'天下功夫出少林，少林功夫甲天下'，你们知道为什么会有这种说法吗？"

方小草："因为少林寺的人都很厉害，他们打败了武当派、昆仑派、峨眉派的那些人。"

宁大地："因为少林寺里藏着很多武林秘籍，什么少林七十二绝技，还有十八罗汉！"

陶拉拉："你们武侠剧看多了吧！我觉得是因为少林寺的僧人们都非常勤奋努力，又很好学。"

圣陶老师："大家有很多不同的看法，接下来让我们带着问题，一起去欣赏和学习少林武术吧。"

"哼！哈！看我的少林连环拳！"方小草中气十足地喊出招式名称，意犹未尽地比划着。

"我的少林鹰爪拳才厉害呢，你看！"看到方小草施展拳式，宁大地也开始跟着比划起来。

陶拉拉："你们两个学了那么多的少林招式，那你们知道少林武功是怎么来的吗？"

方小草和宁大地停下动作，若有所思地说："这……我们好像没有思考过。"

文化小贴士

少林武术小故事

同学们有没有想过，少林功夫是怎么形成的呢？原来，它和禅宗有着密不可分的关系。禅讲究静坐修心，排除杂念。传说当年达摩祖师终日静坐，坐久了筋骨自然会有些疲乏，精神不振。达摩在和弟子们传经时，发现弟子们坐久了，也都没那么精神了。因此，他发明了一套体操，教给徒弟们强身健体。经过千百年的演变，形成了独一无二、名震天下的少林功夫。

隋末唐初，战争频繁，社会动荡不安，少林寺方丈为了保护庙宇的安全，选出一批身强体壮、勇敢灵巧的弟子练习武术，以保护少林寺，渐渐地形成了一支武僧队伍。武僧们长年不断地刻苦练习武艺，对少林武术的发展、精进起到了很大的推动作用。

走进 朱仙镇

圣陶老师："同学们！过年你们家里都会做什么呀？"

方小草抢着答道："贴春联，还有全家会一起大扫除！"

宁大地接着说："全家团圆吃饺子！而且妈妈包的都是很大个、很多馅儿的那种。"

陶拉拉："还会在门上贴门神画像，以驱魔避邪。"

圣陶老师："大家回答得都很好，拉拉刚才讲到的门神其实就是我们贴在门上的年画，也是年画最早的呈现形式。现在大家一起来体验一下木版年画的制作流程吧！"

朱仙镇木版年画

做一做：制作木版年画的流程图。

起稿 → ______ →

方小草："天哪！怎么做一个木版年画那么麻烦呀，我都画了好几个步骤了。"

陶拉拉："当然啦！木版年画已被列入我国非物质文化遗产名录了，朱仙镇木版年画可是中国木版年画的鼻祖哦，我早就想动手做了。"

"难得除了美食我还可以在研学过程中留下这么有意义的作品，老师，大家一起拍张照片留做纪念吧！"宁大地沾沾自喜地看着自己的木版年画作品。

圣陶老师："好啊，同学们，我们集合一下，每个人拿着自己的作品，一起拍张大合照！"

（照片粘贴处）

上河城小吃

方小草："大地，既然你知道那么多吃的，那你知道 KFC 是什么吗？"

"哈哈哈，你在和我开玩笑吗？ KFC 就是肯德基呀，这个问题太简单了，怎么可能考得倒我？"宁大地得意扬扬地说。

方小草："哈哈哈，答错了，是开封菜！'Kāi''Fēng''Cài'"

宁大地："你这问题问得也太狡猾了。不过说到开封，那里有好多美食呀，灌汤小笼包、鲤鱼焙面、桶子鸡……"

圣陶老师："瞧你那口水都要流出来的样子！我们马上就到上河城小吃街了，让你那小肚子再忍忍。"

我的美食日记

在这里，选两种你最喜欢吃的食物，为它们写一篇美食日记吧。

"这里的'K''F''C'比我以前吃过的 KFC 好吃多了！"宁大地满足地摸着自己凸出来的大肚子。

陶拉拉："老师，我之前看过一些讲美食历史的书籍，好像有看到灌汤包和鲤鱼焙面的介绍，是不是它们的由来也有一段有趣的故事？"

圣陶老师："拉拉讲得很好。你们男生不要光吃，吃饱喝足了记得查一查这些美食的历史哦！"

灌汤包

灌汤包

鲤鱼焙面

鲤鱼焙面

想知道更多

既好玩又有趣的研学之旅快要结束了，同学们还有很多想去的地方、想知道的故事呢。

陶拉拉："到嵩山的时候，特别想去地质博物馆看看，课本上说嵩山有多种多样的地形。"

宁大地："那天在上河城，吃了十几种美食，但实在是太饱了，还有好多美食没吃到，而且我还想到其他地方找更多的美食，成为美食专家呢。"

方小草："在清明上河园我看到包拯断案的时候非常聪明，我还听说开封府里有龙头、虎头和狗头三把铡（zhá）刀，想亲眼去看看。"

圣陶老师看着大家又开始兴奋地分享研学所见所闻了，开心地和大家说："大家这次表现得都很好，都按照事前的研学规划查找了资料，过程中也都遵守了秩序，认真学习，勇于发问，老师相信大家在这个过程中学到了很多，大家要继续保持下去哦！回家后也要记得和家人分享这次研学中的趣事。"

同学们异口同声地说："好的，老师！"

收获分享

对于这次研学旅行，你还想知道什么？
你准备用什么方式展示这次研学成果？
跟着研学小队一起做吧！

活动评价表

评价项目	评价内容	自我评价			他人评价		
		优秀	良好	加油	优秀	良好	加油
学习态度	对活动充满兴趣，在行程开始前能够积极地搜集资料，完成活动规划。						
	在活动过程中能主动思考，探寻其中的问题，积极参加实践活动。						
	态度积极认真，具有团队精神和团体意识。						
实践探究	能够依据活动主题，自主选择恰当的方式开展活动。						
	能够与小队成员之间保持良好的沟通与合作。						
	具有反思意识，善于发现和总结。						
情感体验	在活动中增强文化自信和社会责任感。						
	在活动中表现出维护祖国的荣誉和利益、心系祖国和人民的爱国主义情怀。						
学习成果	能够以多元化的形式整理、总结活动成果。						
	能够以恰当的展示方式及时地分享活动收获与成果。						

人文荟萃　泉城济南

——山东济南

方小草和宁大地兴冲冲地对陶拉拉说："昨天晚上我们去看了音乐喷泉，可壮观了。"

正在看书的陶拉拉头都没抬，问他俩："音乐喷泉？是人工建造的喷泉，对不对？"

见陶拉拉没有兴趣，方小草嘟囔着回答："对啊，好像是人工喷泉，难不成有自然形成的音乐喷泉吗？"

陶拉拉说道："人工喷泉会消耗电力，而自然形成的喷泉可以不停地喷涌，从古至今一直在喷涌，那才是真的壮观。"

宁大地挠了挠头，问道："哪里有自然形成的喷泉呢？"

陶拉拉看了他一眼，问他："还记得老舍先生的那篇文章吗？"

方小草想了想，兴奋地说："我知道！你说的是不是《趵突泉》？"

陶拉拉说："是的，趵突泉在山东济南，是天然的喷泉，被誉为'天下第一泉'，我真想去看一看，而且济南也是一座历史名城呢！"

方小草把宁大地拉了过来，对宁大地和陶拉拉说："要不我们这次去济南研学吧，跟圣陶老师商量一下，老师肯定会答应我们的。"

陶拉拉想了想，补充道："我们也可以先做好研学旅行计划，查找好济南的资料，这样更有把握说服圣陶老师！"

方小草和宁大地两个人开心地说："你说得对！老师知道我们连计划都做好了，一定会夸奖我们的。"

泉城济南概貌

大家一起来规划

规划行程

日期	时间	地点	研学任务	注意事项
第一天				
第二天				
第三天				
第四天				
第五天				
……				

课本链接

在我们课本里，涉及了哪些关于济南的人、事、地、物？请用“思维导图”画出来吧！

准备问题

提前搜集相关资料（参考相关课本、书籍、景点官网或公众号、网络视频材料等），提出感兴趣的问题。

关于__________，我最感兴趣的问题：______________________________。

打点行装

“兵马未动，粮草先行”，在去研学旅行之前一定要准备好足够的物品。自己收拾行装，你准备好了吗？你准备带上哪些东西？

物品清单					
学习用品	小用具	有效证件	个人药物	换洗衣物	其他

研学小队在这里

“我们是不是到济南了？”宁大地下车以后左顾右盼，四处张望着。

方小草拍了拍宁大地的肩膀，说道：“对啊。不过，你别看啦，我们第一个计划可不是去吃鲁菜。”

听到方小草说的话，圣陶老师笑了，说道：“我们晚点再去体验这里的饮食文化。现在，我们先来复习你们之前查到的资料，简单介绍一下济南这座城市吧。谁先说？”

宁大地苦着脸说：“还是我先说吧，要是他们俩先说，我就没的说了。”

方小草哈哈大笑，对宁大地说：“成成成，你先说吧。”

话说济南

济南，别称“泉城”，____

____

____

____

____

在大家简单介绍了济南后，圣陶老师说：“你们都讲得很好。不过，大地，你刚才说济南之所以叫‘济南’，是因为它位于济水之南。你知道济水吗？”

“这……”宁大地挠了挠头，不好意思地说，“我只知道济南在济水之南，好像真的没听说过济水。”

圣陶老师笑着对宁大地说：“读书可不能囫囵吞枣，遇到不知道的问题要及时查资料或向别人请教，这样你才会知道得更多、更清楚。”接着，圣陶老师解释了济南与济水的故事。

济南：济水之南

古代这里有一条大河，发源于河南王屋山，从山东半岛入海，名叫济水。古时候，济水、黄河、淮河、长江并称中国四大江河。后来，济水上游发生变化，下游叫大清河，但仍称为济水。清朝咸丰五年 (1885) 六月，黄河在河南铜瓦乡决口改道，河水流入大清河，抢夺了河床，并流入大海。以后大清河被并入黄河，济水的名称也就没有了。现在济南北郊的黄河，就是古代的大清河，用的就是济水的旧河床。因为济南这个地方在济水之南，所以从汉朝起就叫“济南”了。

宁大地听了圣陶老师的解释后恍然大悟，害羞地说道：“我以后读书查资料，一定会认认真真的，遇到不懂的一定要问个明白！”接着，宁大地又说：“老师，那我还有几个问题。”

宁大地的疑问：
“山东”和“山西”的“山”是什么山？
“湖南”和“湖北”的“湖”是什么湖？
“河南”和“河北”的“河”是什么河？
“关东”和“关西”的“关”是什么关？
“淮南”和“淮北”的“淮”是指什么？
你知道吗？

山泉湖河城

济南拥有“七十二名泉”，因境内泉水众多，被称为“泉城”，素有“四面荷花三面柳，一城山色半城湖”的美誉，是一座拥有“山泉湖河城”独特风貌的城市。

济南美景

查一查：说说“山泉湖河城”分别指的是什么？

山：______

泉：______

湖：______

河：______

城：______

“真没有想到，济南是一座这么有特点的城市！”方小草不由得发出感叹，“老师，我们赶紧挨个儿去看看这山、泉、湖、河、城吧！”

圣陶老师笑着说：“不着急，接下来我们就去看看济南最有名的，也是你们最想看的趵突泉。回想一下老舍笔下的《趵突泉》，亲身体会一下大自然的神奇魅力吧！”

天下第一泉

趵突泉是济南“七十二名泉”之冠，乾隆皇帝南巡时，因趵突泉水泡茶味醇甘美，曾敕封趵突泉为“天下第一泉”。

圣陶老师看着研学小队队员，问道：“还记得在《趵突泉》一文中老舍先生是如何描写趵突泉的吗？”

《趵突泉》中的趵突泉

沿着小溪往南走，就来到趵突泉公园。一个开阔的泉池，差不多是见方的，占了大半个公园。池里的水清极了，游鱼水藻，都可以看得清清楚楚。泉池中央偏西，有三个大泉口，水从泉眼里往上涌，冒出水面半米来高，像煮沸了似的，不断翻滚。三个水柱都有井口大，没昼没夜地冒，冒，冒，永远那么晶莹，那么活泼，好像永远不知疲乏。要是冬天来玩就更好了，池面腾起一片又白又轻的热气，在深绿色的水藻上飘荡着，会把你引进一种神秘的境界。

池边还有数不清的小泉眼。有的不断地冒泡，均匀的小气泡连成一串，像一串珍珠随着水流摇曳。有的要隔一会儿才冒出十来个气泡，只见气泡轻快地往上蹿，好像你追我赶似的。有的半天冒出一个气泡，那些气泡比较大，大多扁扁的，一边往上升一边摇晃，碰着水面就碎了。在阳

趵突泉三股水

光照射下，大大小小的水泡五光十色，没有哪一种珠宝比得上。

方小草感叹道："老舍先生写得真好，仔细看看，现在的趵突泉里还能看到文章中写的泡泡呢。"

"文章千古事，一篇好文章可以流传很久。"圣陶老师打趣说，"你们要不要也写上一篇？可以先在同学、朋友之间传阅。"

参观趵突泉，写一段描写趵突泉景色的文字。

方小草的畅想：

独特的趵突泉是如何形成的呢？音乐喷泉是根据播放的音乐来控制水柱，达到与音乐同步的效果。既然如此，我们能否根据趵突泉泉水喷发的规律或发出的水声，组合出一段自然的音乐呢？

大明湖畔

"你说，济南有那么多有名的泉，泉水这么多，它们都汇集到哪里去了呢？"方小草悄悄地拉住宁大地，跟他讨论泉水的去处。

陶拉拉听到了，好心地告诉他们："还记得'山泉湖河城'吗？那里面的'湖'——大明湖就是由泉水汇流形成的。"

济南大明湖

圣陶老师提醒研学小队队员们："我们接下来去的地方就是大明湖，到了那里，你们可要好好欣赏大明湖景色，看看我们的祖国是多么美丽。"

大明湖的成名之路

大明湖胜景自唐代起就已名扬四海，宋时曾巩曾有诗云："问吾何处避炎蒸，十顷西湖照眼明。"可知当时此处已是消暑游憩之地。北宋熙宁五年（1072），曾巩任齐州（今济南）知州时，为防御水患，修建了北水门，引湖水入小清河，使得经年水位恒定，并在沿湖修建亭、台、堤、桥，使之渐渐成了游览景观。古时湖面甚阔，今五龙潭一带也包括在内。后历经变迁，自金代起，大明湖专指城内湖区。金代，诗人元好问在《济南行记》中始称大明湖。明代重修城墙，大明湖遂成今日形貌。经过历代清淤整治，植荷栽柳，至清代济南已形成"四面荷花三面柳，一城山色半城湖"的秀丽景色。

圣陶老师说："看过了景色优美的大明湖，那现在老师要给你们出个题目了——画出你眼中的大明湖。"

陶拉拉第一个举手，说："画画？老师，我画画最在行了。"

选取大明湖的一角，用铅笔画一幅有湖水、有植物、有建筑的大明湖美景。

济南 名士多

回想已经学到的知识，宁大地忍不住问老师："我们以前学过一个成语——人杰地灵。山川秀美的济南是不是也曾涌现过很多有名的人物呀？"

圣陶老师笑着说："是的。历史上有爱国词人李清照与辛弃疾、名医扁鹊、名相房玄龄，等等。像李白、杜甫、苏轼、苏辙、曾巩、老舍、季羡林等古今杰出的文人学者，也都先后在济南生活游历或求学为官，所以有'济南名士多'之佳誉。"

生当作人杰

1084 年，李清照出生在济南章丘。出生于书香世家的她，从小在良好的家庭氛围中打下了坚实的文学基础，是我国古代文学史上少有的女作家。在国家遭逢大难后，李清照经历了人生巨变，非常痛苦，她的作品也因此更多地体现出爱国思想，如《夏日绝句》。

李清照塑像

夏日绝句

李清照

生当作人杰，死亦为鬼雄。
至今思项羽，不肯过江东。

查阅资料，介绍李清照。

____

____

____

____

____

____

参观完李清照故居，方小草回忆着李清照的生平，对陶拉拉说：“李清照真是厉害，文章写得好，诗写得也好，词写得更好！”

陶拉拉很得意地说：“李清照可是有着‘千古第一才女’之称呢。最让我佩服的是，她非常关心国事，热爱国家，开创了女作家爱国主义创作的先河。我们应该向她学习！”

醉里挑灯看剑

宁大地噘着嘴说：“我们男生中也有词写得好，并且非常爱国的词人！圣陶老师，我说得对吧！”

圣陶老师看着不服气的宁大地，笑着说：“的确有。就在李清照晚年，另一位杰出的男词人出生在济南历城，他就是辛弃疾。”

方小草大声说：“老师，我知道！我们以前学过的《清平乐·村居》和《西江月·夜行黄沙道中》，就是辛弃疾写的。”

宁大地想了想：“好像是的。那他爱国吗？”

圣陶老师说：“不如我们去辛弃疾故居看看，了解辛弃疾为了国家积极抗金的故事。大地，你可要好好加强记忆，不能再忘了哦！”

查阅资料，介绍抗金英雄辛弃疾的一生。

辛弃疾画像

参观了辛弃疾故居后，圣陶老师说："大家都认真地参观了辛弃疾故居，都非常了解辛弃疾了对不对？我现在提两个问题考考大家。"

方小草、宁大地和陶拉拉互相看了一眼，都非常期待圣陶老师出的题目。

圣陶老师笑着说："辛弃疾是一位文武双全的奇才，我接下来出的两道题目就与辛弃疾的文和武有关。"

辛弃疾是一位非常杰出的英雄人物，他聚义抗金，活捉叛将，让南宋朝廷为之上下震惊。请用自己的语言，具体说一说这些故事。

辛弃疾被誉为词坛领袖，一生写过很多词。在莲花图中，写一写你知道的辛弃疾的词。

从武，为国家征战沙场；从文，留下不朽诗篇，激励后人。辛弃疾的一生中抗金抱负不得施展，就用词这一文学形式作为斗争武器。他通过词来抒发自己的爱国热情，激励人民的抗金意志。辛弃疾的词题材广阔，内容丰富，意境深远，风格多样，但爱国主义是其基调。

老舍与济南

陶拉拉说："你们还记得之前看过的趵突泉吗？老舍先生在济南生活了多年，甚至将济南当作第二故乡。老舍还写过济南的四季，很多人都是从《济南的冬天》一文才知道了济南这座城市。"

宁大地感慨道："老舍先生一定对济南这个地方有着很深的感情，正因如此，才能写出那么好、那么美的文章吧。"

圣陶老师说："北京有一处老舍纪念馆，济南也有。下面我们去参观济南的老舍纪念馆，看看济南的水土给了老舍先生哪些创作灵感吧。"

查找资料，介绍老舍的生平，说一说老舍在济南生活期间写下了哪些文章。

老舍

从老舍纪念馆出来，大家仿佛走出了一个时代，都受到了文化气息的熏陶。圣陶老师看了所有人一眼，说道："之前宁大地说了一个成语——人杰地灵，济南这座极有灵气的城市，孕育了很多杰出的人才；而古往今来这么多名人，也成就了济南。"

宁大地的疑问：

济南还有很多名人，他们都有哪些故事呢？我最喜欢一边吃东西一边听故事了，你能告诉我吗？我请你吃好吃的。

阅读推荐

你最喜欢老舍的哪篇文章呢？把它推荐给朋友们吧！

曲山艺海

宁大地看着旁边的方小草，戳了戳他，问道："小草，考考你啊，你知道济南的传统曲艺吗？"

方小草眉飞色舞地回答道："当然知道啦！济南的传统曲艺可是很厉害的。在曲艺界，有种说法叫'北京拜师，天津练艺，济南踢门槛'。"

"啊？那是什么意思？"本想考考方小草的宁大地，现在反而向方小草请教了。

陶拉拉和圣陶老师也想知道，她们一起看着方小草。

看到大家好像都不知道的样子，方小草得意地解释道："北京是曲艺的根据地，要学看家本领、真功夫，就往北京跑；学成后跑码头，要上天津卫长长胆气；如果能在济南曲艺界得到承认，那就走遍天下都不怕了。这可是我爷爷告诉我的！"

宁大地似懂非懂，不过还是说道："反正就是说济南曲艺很厉害呗。"

方小草瞅了他一眼，说："是的。不过，现在济南的曲艺发展好像不如以前了。"

查找资料，介绍济南曲艺。

在了解了济南曲艺的历史以后，宁大地感叹道：“我刚才只是正好看到济南曲艺几个字，所以想考考方小草。仔细了解以后，我才发现济南曲艺真的很厉害。”

陶拉拉却问方小草：“你刚才说济南曲艺的发展现在不如过去了，这话是什么意思？”

方小草很惊讶，陶拉拉很少问他问题的，不由得回答道：“这个我也不是非常清楚，我记得济南以前有家晨光茶社，我们可以通过这家茶社的变化来了解正面临困境的济南曲艺。”

晨光茶社的过去和现在

晨光茶社

圣陶老师听着他们的讨论，补充说道：“其实，并不只是济南曲艺遇到了这种问题，我国很多传统艺术都在慢慢地被遗忘。”

方小草急道：“这些艺术可都是我们老祖宗的智慧结晶啊，不能就这么消失了。”

圣陶老师说：“很多人都意识到了这个问题，现在，我们国家正在大力保护这些文化遗产，采取的措施也很有效果。”

方小草的畅想：

查一查我们国家哪些地方的传统文化正在消失，用之前学过的莲花图来整理资料，想一想我们应该如何去保护它们。

南丰戏楼学相声

南丰戏楼

为了向更多的同学、朋友介绍济南曲艺，研学小队来到南丰戏楼，观看并努力学习说一段相声。

南丰戏楼“明湖居”书场坐落于南丰祠南侧，是一栋始建于清末民初的二层建筑，也是目前山东境内保存最为完好的清代戏楼。戏楼建筑面积约三百平方米，大厅面积近二百平方米，雕梁画栋，彩绘精美，南为戏台，东西两层为看台，上下均可摆桌听曲品茶，可同时容纳近二百人观看演出。

学说一段相声。

体验 济南饮食文化

“老师，我们看了济南的景色，读了济南的名人名作，学了济南的曲艺，现在总可以尝尝济南的美食了吧。”宁大地可怜兮兮地望着圣陶老师。

想着宁大地从一开始就想吃，却忍到现在，而且还认真地参与研学活动，圣陶老师笑着答应宁大地：“可以啊，下面老师来奖励你们，我们去体验济南的饮食文化。济南可是我国八大菜系之一鲁菜的发祥地哦，你们有口福了。”

济南美食

查阅资料，介绍鲁菜。

看到宁大地口水都快流下来了，圣陶老师说道："走，我们先去尝尝鲁菜的滋味儿，吃饱以后再认真完成研学任务。"

宁大地欢呼一声，拉着方小草直奔目的地，陶拉拉和圣陶老师也难得地加快了脚步。

介绍你最喜欢的美食

"这道汤好好喝啊，好想知道它是怎么做的，回家以后让妈妈试着做做看。"宁大地捧着一碗奶白色的汤感叹道。

圣陶老师说："大家都了解了济南鲁菜的历史，也亲口尝过了。下面，每个人介绍两道自己喜欢吃的菜，说说它们的做法、口味，如果这道菜还有相关的故事、传说，介绍这些故事或传说还可以加分哦！"

宁大地、方小草和陶拉拉爽快地答应了。

说一说：自己喜欢的两道菜。

宁大地的畅想：

除了鲁菜，八大菜系还有哪些呢？要是将八大菜系中最有名的菜都摆在一张桌上让我吃，那我真的是太幸福了。

想知道 更多

泉城济南之行到此结束了，研学小队的队员们意犹未尽，还想要知道更多。

方小草说：“听说济南有一处辛弃疾纪念馆，我们在课本上学过辛弃疾的词，我想去看看他在济南的生活痕迹。”

宁大地却说：“我想去爬千佛山和灵岩寺！”方小草和陶拉拉狐疑地看着他，宁大地只好实话实说：“好吧，我的确是想去吃那里的小吃，吃饱了才有力气去参观佛像与寺庙。”

轮到陶拉拉时，她说：“我在一本书上看过，济南这里发现了以磨光黑陶为特征的史前文化——龙山文化，我想去了解、学习。”

“不错，大家都分享了还想要知道的知识。”圣陶老师对本次研学做了一个小总结，接着说，“本次的济南研学之旅暂时结束，回去以后我们要跟其他同学、朋友、家人分享本次的研学收获，你们想好怎么分享了吗？”

听到研学成果分享，方小草、宁大地和陶拉拉不由得认真思考起来。

过了一会儿，方小草第一个说：“在学习济南曲艺时，我录了视频。我打算回去以后整理济南曲艺和其他传统艺术的相关资料，组织一场研讨会，我想以自己的实际体验，跟同学们讨论如何保护和传承传统艺术！”

圣陶老师赞赏地看了方小草一眼，接着把目光转向宁大地。

宁大地说：“我跟鲁菜大师打听过好几种菜的做法，回去以后跟我妈妈一起尝试着做一做，做好以后请大家品尝。还有八大菜系的其他知识也一起分享给大家。”

最后，陶拉拉说了自己的计划：“在研学过程中，我写了详细的手账，画了一些简笔画，用工具图表记录了相关的知识，还有我自己的感想。我想分享给大家，如果有人想来济南旅行，可以参考我的手账。”

收获分享

对于这次研学旅行，你还想知道什么？
你准备用什么方式展示这次研学的成果？
跟着研学小队一起做吧！

活动评价表

评价项目	评价内容	自我评价			他人评价		
		优秀	良好	加油	优秀	良好	加油
学习态度	对活动充满兴趣，在行程开始前能够积极地搜集资料，完成活动规划。						
	在活动过程中能主动思考，探寻其中的问题，积极参加实践活动。						
	态度积极认真，具有团队精神和团体意识。						
实践探究	能够依据活动主题，自主选择恰当的方式开展活动。						
	能够与小队成员之间保持良好的沟通与合作。						
	具有反思意识，善于发现和总结。						
情感体验	在活动中增强文化自信和社会责任感。						
	在活动中表现出维护祖国的荣誉和利益、心系祖国和人民的爱国主义情怀。						
学习成果	能够以多元化的形式整理、总结活动成果。						
	能够以恰当的展示方式及时地分享活动收获与成果。						

东方圣城　孔子故里

——山东曲阜

一年一度的中国传统文化节就要到了，为了装点教室环境，圣陶老师精心挑选了很多中华传统经典语录条幅，同学们都挤在圣陶老师身边，想看看都是些什么。

“温故而知新。”宁大地看着圣陶老师刚贴上的一张条幅，念了起来。

“逝者如斯夫，不舍昼夜。”陶拉拉也跟着念起来。

“我拿的这张写的是‘己所不欲，呃，什么施于人’。”方小草拿起一张条幅，却不认识其中的一个字。

圣陶老师听到之后补充说：“是‘己所不欲，勿施于人’。”

方小草不解地问：“老师，这说的是什么意思呀？”

圣陶老师：“就是你不想要的东西，也不要强加给别人。这些都是《论语》中的经典句子，你们知道孔子是哪里人吗？”

“山东的，以前老师教过。”陶拉拉开始回想之前学过的内容。

圣陶老师：“大家学得很好。孔子是一位非常伟大的教育家，你们想不想去孔子的故乡拜访一下啊？”

“想！”同学们异口同声地说。

山东曲阜

大家一起来规划

规划行程

日期	时间	地点	研学任务	注意事项
第一天				
第二天				
第三天				
第四天				
第五天				
……				

课本链接

在我们的课本里，涉及了哪些关于曲阜的人、事、地、物？请用“思维导图”画出来吧！

准备问题

提前搜集相关资料（参考相关课本、书籍、景点官网或公众号、网络视频材料等），提出感兴趣的问题。

关于__________，我最感兴趣的问题：________________________________。

打点行装

“兵马未动，粮草先行”，在去研学旅行之前一定要准备好足够的物品。自己收拾行装，你准备好了吗？你准备带上哪些东西？

物品清单					
学习用品	小用具	有效证件	个人药物	换洗衣物	其他

研学小队在这里

“这里就是曲阜啊！”方小草没有来过曲阜，一下车就非常兴奋。

“老师，孔子的故乡为什么叫曲阜啊？”宁大地看到写着“曲阜”字样的石碑，问圣陶老师。

圣陶老师：“‘曲’是弯弯曲曲的意思，‘阜’是土山，古代这里有很多土山，道路也不是直直的，所以就叫‘曲阜’。走，我们先去孔子后代生活的地方参观吧。”

“曲阜”之名最早见于《礼记》，东汉应劭（shào）解释道：“鲁城中有阜，委曲长七八里，故名曲阜。”曲阜古时为________国都，孔子故里，被誉为“东方圣城”“____________________”。它地处山东省西南部，北距省会济南 135 千米。东连泗水，西抵兖（yǎn）州，南临邹城，北望泰山。

游三孔礼圣贤

“这座墙好高啊！”宁大地一边仰头看着孔庙前面的宫墙，一边念着上面的字，“万什么宫墙？”

圣陶老师笑着说：“这四个字是‘万仞宫墙’。”

方小草立马接着问：“为什么叫万仞宫墙啊？”

圣陶老师答道：“这是出自《论语》的一段话，人们在孔庙前修建比较高的宫墙，象征着孔子学问深厚，德行高尚，不是常人能够达到的。”

方小草摸着厚重的城墙，嘀咕道：“那跟孔子比，我现在学到的知识还没有这一块砖头大。”

圣陶老师鼓励道：“你才上小学呢，还有中学、大学要读，只要每天都读书，每天有进步，最后你也能成为有大学问的人。”

转过万仞宫墙，走过大成门，研学小队来到了一座亭子前面。

“老师，这个亭子为什么叫杏坛啊？”方小草指着亭子问。

曲阜孔庙

“你看，旁边还有杏树呢。”陶拉拉看到亭子边上种着一些杏树。

圣陶老师：“这是为了纪念孔子讲学而修建的亭子。杏坛一般都表示讲学的地方。”

“那这就像是古代的学校吗？”宁大地走进杏坛，四处看看。

圣陶老师：“嗯，是的，就像是我们的学校，但是，古时候能上得起学的孩子很少，普通人家的孩子都上不起学。孔子就设立了讲堂，想学习的人都可以来听他讲课。你们现在每天都可以上学，还能到处去研学，是不是要珍惜呀？”

听完老师的话，同学们异口同声地说：“是的，老师，以后我们上课不捣乱了，好好听您讲。”

圣陶老师看着日渐长大懂事的孩子们，心里非常高兴。不一会儿，他们来到了孔庙里最大的一座建筑前。

“老师，这里的房子为什么看起来和北京故宫的差不多啊？”陶拉拉问圣陶老师。

圣陶老师：“你真的很棒，都想到故宫了！这里的建筑非常多，是中国三大古建筑群之一呢。”

同学们，你们知道三大古建筑群都是哪些吗？一起查查资料吧。

曲阜孔庙

“你发现孔庙后面那幅画的神秘了吗？不管你走在哪个地方，都觉得画中的道路是指向前面的，还有……”离开孔庙后，方小草还在兴奋地跟宁大地分享自己的发现，可是宁大地的心思早就被旁边的小吃街吸引了。不一会儿，他们拿着山东大煎饼，边走边吃，来到了孔府。

方小草：“圣陶老师，我们知道了孔庙是拜孔子的地方，那孔府是个什么地方呢？”

查一查：回答方小草的问题。

“老师，孔子活了多少岁啊？”宁大地好奇地问圣陶老师。

圣陶老师：“终年 73 岁。孔子一生周游列国，传播自己的思想，病逝后被弟子们安葬在鲁城。后来，人们在这里种植了上万株珍奇草木。同学们，大家一起来找一找有哪些珍奇草木吧！请将你的发现写在下面的思维导图里。”

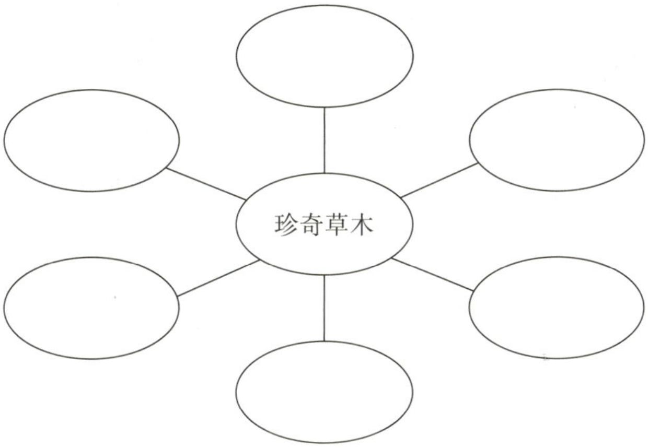

孔子六艺城

陶拉拉：“老师，这里为什么叫六艺城啊？”

圣陶老师：“‘六艺’指的就是孔子所提倡的礼、乐、射、御、书、数！同学们，可以告诉我孔子的这‘六艺’分别是什么吗？大家都答对了，我们才能进六艺城里哦！”

孔子六艺城

查一查：“六艺”分别代表什么意思，并分别为它们画一张代表图。

六艺	含义	图像
礼	篆书形式为禮，左边表示祭祀，右边表示一种器物，现代人们常常鞠躬行礼。	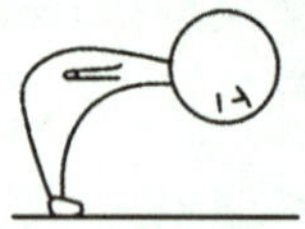

方小草的畅想：

了解了“六艺”的含义后，我越来越敬佩孔子了，原本以为孔子只是个文人，没想到竟然文武双全，现在还有人像孔子这样有文韬武略吗？

听完同学们的介绍后，圣陶老师满意地点了点头，说道：“很好，大家都已经提前查了资料，这样研学的时候就不会没有目的，就不会只是随便走走看看了。现在老师带你们参观孔子六艺城！”

同学们兴奋地说：“太好了！”

同学们，回忆一下之前走访过的六艺厅，哪一个是你印象最深刻的，请说明原因，最少列举三个方面。

示例：

我印象最深刻的是“御厅”。

原因：

1. 坐上“御厅”的车子，让我感觉好像和孔子一起回到了2 500年前，一起周游列国，内心十分激动。

……

……

我印象最深刻的是__________。

原因：

1. ____________________

2. ____________________

3. ____________________

尼山国家森林公园

圣陶老师：“我们现在去的地方叫尼山。传说孔子的父母曾在山前祷告，想要生一个孩子，没过多久，孔子就出生了。你们知道孔子的字号吗？”

“来之前，爸爸告诉我孔子的名字与这座山有关系，我不太记得了。”陶拉拉记得爸爸跟她讲过，但是一时想不起来了。

圣陶老师：“孔子，名丘，字仲尼，仲尼的尼就是指这座尼山。”

“啊，原来他的名字是这样来的呀。”方小草说，“我的名字是妈妈取的，她希望我像小草一样。”

“夫子洞？这么小的山洞，里面是什么啊？”研学小队来到了一座小山丘前。

圣陶老师：“这就是传说中孔子出生的地方。关于这个山洞还有一个美丽的故事，叫作‘凤生、虎养、鹰打扇’，你们想知道吗？”

查一查：孔子出生的时候发生了什么神奇的故事。

方小草的畅想：

古人云："山不在高，有仙则名。"说得还是有道理的，尼山这里如果不是有孔子这个伟大的圣人，应该就没有那么有名了。那么，还有没有哪些地方是因为伟大人物的诞生而出名的呢？

研学小队走访了鲁源村、智源溪、夫子洞，走着走着来到了观川亭。

圣陶老师："我们教室里有一张孔子感叹时间过得很快的条幅，谁还记得呢？"

陶拉拉立即说道："是'逝者如斯夫，不舍昼夜'吗？"

圣陶老师夸奖道："对的，我们现在站的地方，叫作观川亭，孔子就是在这里发出的感叹。现在我们来玩个和时间有关的游戏好不好？"

一听到玩游戏，大家当然非常高兴："好啊！什么游戏呀？"

圣陶老师："我们分组比赛，说一说和时间有关的成语，哪个小组说的最多哪个小组就算赢，输的小组要模仿孔子的语气在观川亭上念一段'逝者如斯夫，不舍昼夜'！"

方小草："哈哈哈，好呀，还挺有趣的，我们开始吧！"

同学们，你们还知道哪些和时间相关的成语呢？请把下面的莲花图填充完整吧。

想知道更多

朝圣之行的曲阜研学结束了。

同学们充分体验了圣城的魅力和儒家文化的博大精深。

方小草说：“我还想去颜回庙看一看，颜回是孔子最喜欢的学生！”

宁大地说：“我嘛，我觉得孟母林值得一去，老师在课堂上曾经讲过‘孟母三迁’的故事，她是个非常了不起的妈妈。”

“我还想去九仙山！”陶拉拉说道，“传说有九个仙女因为迷恋人间美景，就化身成为九座山。”

“说到山，我还想去石门山，相传那里是李白和杜甫分别的地方。”方小草是个爬山小能手，去尼山游玩后还想去附近的石门山看看。

圣陶老师看着慢慢长大的学生们，感觉经过这次研学，他们不仅懂事了，而且变得更加好学了。圣陶老师说：“你们还有这么多想去的地方啊！曲阜是个文化圣城，仅仅几天的研学肯定满足不了你们的好奇心和求知欲，不过回去以后我们还可以继续探究，然后把我们的研学收获整理出来。你们打算怎么呈现这次的研学成果呢？”

“我们早就讨论好了，准备在学校做一个孔子文化推广节，把我们学到的名言、故事分享出来，我们还做了很多研学记录，不过我们还需要老师的帮助。”

“好啊！那我们一起努力，将中国优秀的传统文化传播给更多的人！”圣陶老师说道。

收获分享

对于这次研学旅行，你还想知道什么？
你准备用什么方式展示这次研学成果？
跟着研学小队一起做吧！

活动评价表

评价项目	评价内容	自我评价			他人评价		
		优秀	良好	加油	优秀	良好	加油
学习态度	对活动充满兴趣，在行程开始前能够积极地搜集资料，完成活动规划。						
	在活动过程中能主动思考，探寻其中的问题，积极参加实践活动。						
	态度积极认真，具有团队精神和团体意识。						
实践探究	能够依据活动主题，自主选择恰当的方式开展活动。						
	能够与小队成员之间保持良好的沟通与合作。						
	具有反思意识，善于发现和总结。						
情感体验	在活动中增强文化自信和社会责任感。						
	在活动中表现出维护祖国的荣誉和利益、心系祖国和人民的爱国主义情怀。						
学习成果	能够以多元化的形式整理、总结活动成果。						
	能够以恰当的展示方式及时地分享活动收获与成果。						

金戈铁马　梦入徐州

——江苏徐州

在学完课本中的《民族解放之路》后，方小草组织研学小队在研学活动室观看了电影《大决战——淮海战役》。

播放解放军行军的片断时，宁大地忍不住说道："这战争场面太震撼了，我还从来没有在电影上看过这么大的战争场面呢。"

方小草叫道："宁大地，你好好看电影，少说两句。"不过，他自己也不自觉地打开了话匣子："电影中一直提到徐州，说徐州是什么战略要地，徐州在哪里啊？有那么重要吗？"

陶拉拉说道："唉呀，大家能不能不要说话了，把电影看完不行吗？看完电影以后我们找圣陶老师把下次研学目的地定在徐州不就好了吗？"

"是的，是的，拉拉说得好，下次我们去徐州。"方小草说道。

"又是你们两人决定了，唉！"宁大地叹气道。

江苏徐州概貌

大家一起来规划

规划行程

日期	时间	地点	研学任务	注意事项
第一天				
第二天				
第三天				
第四天				
第五天				
……				

课本链接

在我们的课本里，涉及了哪些关于徐州的人、事、地、物？请用“思维导图”画出来吧！

准备问题

提前搜集相关资料（参考相关课本、书籍、景点官网或公众号、网络视频材料等），提出感兴趣的问题。

关于__________，我最感兴趣的问题：____________________________。

打点行装

“兵马未动，粮草先行”，在去研学旅行之前一定要准备好足够的物品。自己收拾行装，你准备好了吗？你准备带上哪些东西？

物品清单					
学习用品	小用具	有效证件	个人药物	换洗衣物	其他

研学小队在这里

研学小队到达徐州后，既没有看到巍峨的大山，也没有见到宽阔的河流，方小草纳闷道：“徐州怎么会成为兵家战略要地呢？”

“笨蛋，战略要地一定要有大山大河吗？北京不也没有大河吗？哈哈！”宁大地调侃道。

其实，陶拉拉也有和方小草一样的疑问，不过她已经在埋头查找资料，寻找答案了。

圣陶老师说道：“借着这个疑问，大家正好可以全面了解一下徐州。”

话说徐州

淮海战役纪念馆

研学小队刚走进淮海战役纪念馆，宁大地就叫道：“老师，前面那个威严耸立着的塔是什么塔呀？”

“那可是淮海战役纪念塔。”方小草敲着宁大地的脑袋说。

“哦，是不是很像人民英雄纪念碑，纪念为革命胜利而牺牲的人民英雄啊！”宁大地若有所思地说道。

淮海战役纪念塔

讲一讲：淮海战役纪念塔上的浮雕、文字、图案。

方小草："老师，那边有好多人民群众的雕像，代表什么意思呢？"

圣陶老师："淮海战役的胜利，是人民群众用小车推出来的，它表现的应该是人民群众奋勇支前的情景吧！"

陶拉拉说："你看右侧是人民解放军的雕像，这不正好说明淮海战役的胜利是军民合力取得的吗？"

研学小队成员一边走一边热烈讨论着纪念塔周围建筑的含义，不知不觉来到了纪念塔的后面。

讲一讲：淮海战役纪塔周围还有哪些建筑物？分别有什么含义？

"看，这里有好多人的名字呢。"宁大地说道。

圣陶老师："这里就是淮海战役烈士的名单啊，他们为新中国的建立献出了宝贵的生命。今天的幸福生活来之不易啊！"

研学小队的成员听到圣陶老师的讲话后，心情很沉重，再也没有先前愉快的对话和表情了。

找一找：你能找到与自己同姓的烈士吗？

在寻找烈士的过程中，圣陶老师说道："你们看了《大决战——淮海战役》的电影，难道不想看一看电影中出现的实物吗？前面的展览馆中有很多淮海战役留下来的实物哦。"

听了圣陶老师的话，研学小队的队员马上要求去展览馆看看电影里面的东西。

走进展览馆，看着展览文物、地图与文字介绍，宁大地说道："原来我们的人数还比国民党反动派少啊！"

陶拉拉拍着宁大地："别一惊一乍的，就知道你没仔细看电影。"

方小草细细地观察着展览文物，发现好多电影镜头里的东西这儿都有。

找一找：从展览馆中找出几件文物，并介绍一下。

说一说：十人桥的故事。

十人桥

说一说：淮海战役的三个阶段。

做一做：制作感恩卡，感恩现在所拥有的一切，感恩给予我们这一切的人。

感恩对象	制作方式	工具准备	完成时间

参观完淮海战役纪念馆后，圣陶老师说："刚来到徐州的时候你们查了资料，徐州除了发生过淮海战役外，在历史上还有没有发生过其他战争呢？"

陶拉拉说道："我查到的，有！"

"那你们认为最有名的应该是什么战争啊？"圣陶老师发问道。

"楚汉争霸。"宁大地突然化身历史通。

"嗯，确实是的。我们去楚汉争霸的发生地吧！"圣陶老师引导大家。

陶拉拉突然说道："徐州好像是刘邦的故乡吧！"

歌风台与《大风歌》

歌风台

研学小队来到了刘邦故里的汉城景区。刚走在景区的广场上，宁大地就看到了一座似城门的建筑，说道："看，那里有座城门啊，和北京的城门好像还不一样。"

方小草沿着宁大地指的方向望去，过了一会儿，说："歌风台，城门上写的是'歌风台'。"

"歌风台？"陶拉拉顺口说道，"难道和《大风歌》有关？"

"那我们一起去看看吧！"圣陶老师看着大家，说道。

写一写：《大风歌》的内容和创作背景，刘邦写《大风歌》的目的。

"圣陶老师，徐州是刘邦故里，那项羽故里在哪里啊？项羽把都城建在徐州，徐州肯定也有关于项羽的故事吧！"陶拉拉问道。

"当然有了，我们下一站就和项羽有关。"圣陶老师回答道。

查一查：项羽故里在什么地方？

推荐资料："金蝉脱壳"的故事。

霸王练兵处——戏马台

戏马台

研学小队追寻着“西楚霸王”的脚步来到了戏马台景区。只见一座三间式门楼的大门矗立在前，门上有“拔山盖世”四个篆体字。宁大地说道：“圣陶老师，门上写的是什么字啊？我看不懂。”

“你当然看不懂了，那是小篆。”方小草指着字说。

“应该是‘拔山盖世’，描述了霸王的威武。”圣陶老师回答。

“拔山盖世？好像和某首歌有关。”陶拉拉好像想到了什么。

“里面肯定有你想要的答案，拉拉同学。我们进去找吧！”圣陶老师一边说着，一边带领大家跨过山门去寻找霸王的故事了。

找一找：“拔山盖世”和项羽所作的哪首歌有关？写下这首歌，并介绍一下它的意思。

讲一讲：欣赏“西楚春秋”壁画，讲一讲楚霸王项羽的故事。

找一找：历史上有哪些文人来过戏马台，登高怀古，并留下了诗文佳篇？写出他们的名字及作品。

文人名称	作品名称	文人名称	作品名称

抄一抄：抄写某篇作品，并讲述它的意思。

圣陶老师："我考考大家，项羽是楚王，历史上还有谁是楚王啊？"

陶拉拉说道："老师，'战国七雄'中有个楚国，楚国的当权者都叫楚王啊。"

"还有没有其他的呢？"圣陶老师问道。

圣陶老师看大家没有发言，便说道："不仅战国有楚王，秦末有楚王，汉朝也有楚王呢，不过这个楚王和战国楚王项羽有点儿不一样。告诉你们，汉朝的楚王也在徐州呢。"

"呃，老师，我都被你绕糊涂了。"宁大地道。

"哈哈，我们去汉朝的楚王陵后，你就会'清醒'了。"圣陶老师笑道。

两汉三绝
——汉文化景区

楚王陵

"楚王陵？汉朝时期这里也有楚国啊？"方小草问道。

"你怎么不仔细看介绍呢，它是汉朝分封的国家，是属于汉朝的，和其他的楚国不一样。"陶拉拉发现方小草总是很粗心。

"陵墓，它和十三陵有什么不一样呢？"宁大地问圣陶老师。

"来，跟在我后面，我们进陵墓去，看一看楚王的陵墓和皇帝的陵墓有何不同。"圣陶老师说道。

看一看：陵墓内有哪些建筑?

讲一讲：介绍楚王陵墓的特点。

汉兵马俑

参观完楚王陵后，圣陶老师问研学小队的队员们："秦始皇陵墓前的陪葬坑中有'世界第八大奇迹'，是什么呢？"

"兵马俑。"宁大地学会抢答了。

"是的，兵马俑，其实楚王陵的陪葬品中也有兵马俑呢！"圣陶老师说道，"接下来，我们去欣赏汉朝的兵马俑吧。"

比一比：汉兵马俑与秦兵马俑有何异同?

找一找、做一做：汉兵马俑有哪些造型？你能模仿它们的表情吗？

汉画像石

“同学们，你们知道了汉朝的一些故事，那你们想不想穿越时空，体会一下汉朝人的生活方式呢？”圣陶老师问。

“圣陶老师又在骗人了。”宁大地嚷嚷道。

“汉朝人的生活方式？那是穿上汉服吗？”陶拉拉问道。

“哈哈，不是。汉朝人的生活方式我们怎么知道呢？你们有没有想过这个问题呢？好，现在一起去汉画像石馆，你们就可以体会到汉朝人是怎么生活的了。”圣陶老师说。

找一找：汉朝人平时的生活场景。

画一画：你觉得哪幅画中的生活场景最有趣？把它画下来吧！

想知道更多

徐州之旅很快就结束了，研学小队的队员们还想知道更多知识。

方小草说："我还想知道徐州戏剧，我爸爸平时常常在家里唱京剧，不知道徐州的戏剧会不会更有意思呢？"

"大家可知道彭祖？他一直活了808岁呢，最后化作神仙了。"宁大地摸摸大肚皮说，"我想了解彭祖都吃了哪些健康的东西，这么长寿！"

陶拉拉说："苏轼在这里总共待了两年，却留下了很多故事和诗词。苏轼评价徐州'古来豪杰地'，我相信如果追随苏轼这位大文豪的脚步，一定会有更多的感悟吧！"

"特别棒！大家都在这次研学中学会了独自去探索和发现问题。同学们，我们学习历史，要有思考，思考我们从历史中真正需要传承什么。"圣陶老师意味深长地说道，"另外，大家不要忘记哦，本次徐州研学还有最后一项重要的任务，大家还记得吗？"

方小草、宁大地和陶拉拉异口同声地回答："研学收获分享！"

"非常好！期待大家把这次研学之旅通过不同的方式分享给身边的同学、家人！一起来击个掌吧！"圣陶老师举起双手，和研学小队的队员们击掌互动。

收获分享

对于这次研学旅行，你还想知道什么？
你准备用什么方式展示这次研学成果？
跟着研学小队一起做吧！

活动评价表

评价项目	评价内容	自我评价			他人评价		
		优秀	良好	加油	优秀	良好	加油
学习态度	对活动充满兴趣，在行程开始前能够积极地搜集资料，完成活动规划。						
	在活动过程中能主动思考，探寻其中的问题，积极参加实践活动。						
	态度积极认真，具有团队精神和团体意识。						
实践探究	能够依据活动主题，自主选择恰当的方式开展活动。						
	能够与小队成员之间保持良好的沟通与合作。						
	具有反思意识，善于发现和总结。						
情感体验	在活动中增强文化自信和社会责任感。						
	在活动中表现出维护祖国的荣誉和利益、心系祖国和人民的爱国主义情怀。						
学习成果	能够以多元化的形式整理、总结活动成果。						
	能够以恰当的展示方式及时地分享活动收获与成果。